DHAMMAPADA
(Caminho da Lei)

ATTHAKA
(O Livro das Oitavas)

DHAMMAPADA
CAMINHO DA LEI

ATTHAKA
O LIVRO DAS OITAVAS

Doutrina Budista Ortodoxa em Versos

Tradução, adaptação, prefácio e notas do
DR. GEORGES DA SILVA

Editora Pensamento
SÃO PAULO

1ª edição 1979.

13ª reimpressão 2019.

Todos os direitos reservados. Nenhuma parte deste livro pode ser reproduzida ou usada de qualquer forma ou por qualquer meio, eletrônico ou mecânico, inclusive fotocópias, gravações ou sistema de armazenamento em banco de dados, sem permissão por escrito, exceto nos casos de trechos curtos citados em resenhas críticas ou artigos de revistas.

A Editora Pensamento não se responsabiliza por eventuais mudanças ocorridas nos endereços convencionais ou eletrônicos citados neste livro.

Direitos reservados
EDITORA PENSAMENTO-CULTRIX LTDA., que se reserva a propriedade literária desta tradução.
Rua Dr. Mário Vicente, 368 – 04270-000 – São Paulo, SP
Fone: (11) 2066-9000
http://www.editorapensamento.com.br
E-mail: atendimento@editorapensamento.com.br
Foi feito o depósito legal.

SUMÁRIO

Prefácio	VII
RESUMO DO BUDISMO	3
Pronúncia das Palavras Pális	15
CAMINHO DA LEI — DHAMMAPADA	17
I — Versos gêmeos ou caminhos opostos — **Yamakavagga**	19
II — Vigilância ou plena atenção — **Appamadavagga**	21
III — A mente — **Chittavagga**	23
IV — Flores da vida — **Pupphavagga**	24
V — O insensato — **Bâlavagga**	25
VI — O sábio — **Panditavagga**	27
VII — O arahant — **Arahantavagga**	29
VIII — Melhor do que milhares — **Sahassavagga**	30
IX — O mal — **Pâpavagga**	31
X — Castigo ou vida terrena — **Dandavagga**	32
XI — Velhice — **Jaravagga**	34
XII — O ego — **Attavagga**	35
XIII — O mundo — **Lokavagga**	36
XIV — O Buda — **Buddhavagga**	37
XV — A felicidade — **Sukhavagga**	38
XVI — Prazer transitório — **Piyavagga**	39
XVII — A ira — **Kodhavagga**	40
XVIII — A impureza — **Malavagga**	42
XIX — O justo — **Dhammatthavagga**	44
XX — O caminho — **Maggavagga**	46
XXI — Miscelânia — **Pakinnavagga**	47
XXII — O inferno — **Nirayavagga**	49
XXIII — O elefante — **Nâgavagga**	51
XXIV — O desejo	52
XXV — O monge — **Bhikkhuvagga**	55
XXVI — O brâmane — **Brâhmanavagga**	57
BIBLIOGRAFIA CONSULTADA	63

O LIVRO DAS OITAVAS — **ATTHAKA** 65
1.º Sermão sobre o desejo — **Kama Sutta** 67
2.º A caverna — **Guhatthaka Sutta** 68
3.º "Conversas corruptoras" — **Dutthatthaka Sutta** 69
4.º A pureza — **Sutthatthaka Sutta** 69
5.º O melhor — **Paramatthaka Sutta** 70
6.º Brevidade da vida — **Jara Sutta** 70
7.º Sermão de Buda a Tissametteiya sobre a luxúria — **Tissametteiya Sutta** 72
8.º Sermão a Pasura sobre as discussões — **Pasura Sutta** 73
9.º Diálogo entre Buda e Magandiya — **Magandiya Sutta** 74
10.º Tranqüilidade — **Purabhedha Sutta** 76
11.º Diálogo sobre a discórdia — **Kalahavivada Sutta** 77
12.º "Os donos da verdade" — **Cullaviyuha Sutta** 78
13.º Sermão sobre os dogmatizadores — **Maraviura Sutta** 80
14.º Sermão da senda rápida — **Tuvathka Sutta** 82
15.º Sermão do "punho cerrado" — **Attadana Sutta** 83
16.º Sermão de Buda a Saraputra — **Sariputta Sutta** 85

PREFÁCIO

Dhammapada significa literalmente Caminho da Verdade (Doutrina, Lei); existem outros sinônimos, como Caminho da Purificação, ou da Perfeição. É uma antologia de 423 aforismos em versos, na língua páli (derivada do sânscrito), língua em que foram originariamente escritos os Cânones Budistas da Escola Theravada, considerada a mais fiel aos ensinamentos de Sidarta Gautama, o Buda. (Presume-se que Gautama Buda ensinava e falava ao povo em língua páli.)

Os livros originais do Budismo, que constituem o "cânon budista", são chamados Corbelhas, ou Coleções de Leis — **Pitakas** —, e são em número de três, donde o nome **Tripitaka**. Essas três coleções são: o **Vinaygua-Pitaka**, que trata da disciplina monástica, o **Sutta-Pitaka**, que trata da Doutrina, e o **Abidhamma-Pitaka**, que trata da parte especulativa (metafísica).

O **Sutta-Pitaka** subdivide-se em cinco partes, chamadas **Nikayas**. Os números que precedem os versos originais do **Dhammapada** ocupam o segundo lugar no quinto corpo **Nikaya**. Estes versos foram compilados no III século a.C., em 25 capítulos — **Vagga** —, e apresentados como uma das maneiras segundo as quais a Doutrina teria sido exposta pelo Buda.

O **Dhammapada** contém um extrato da ética budista e, por esta razão, é freqüentemente recomendado como um ponto inicial aos que desejam obter algum conhecimento sobre os ensinamentos budistas.

O **Dhammapada** pode ser considerado um testamento espiritual do Buda. A palavra **Buddha** vem da raiz **Budh**; significa desperto, consciente, que sabe; da mesma raiz origina-se a palavra **Buddhi**, significando visão, sabedoria.

Se um livro pode ser considerado um amigo, um guia filosófico, este livro é o **Dhammapada**; não é sofisticado, é simples, é um simpático conselheiro e, para aqueles que procuram a Verdade, é um guia, por excelência.

Nosso texto não tem pretensão de originalidade; certamente será melhorado, ou pelo menos servirá de auxílio a outros autores sobre o mesmo assunto.

A primeira tradução páli-latina foi de V. Fausböll, texto original publicado em 1855, em Copenhague, e traduzido para o alemão por Karl Eugen Neuman (1865-1915).

O nosso texto é uma pesquisa extraída de traduções de diversos autores, estrangeiros e nacionais. Dentre os autores nacionais prestamos especial homenagem ao Prof. Mário Lobo Leal, cuja pesquisa no assunto muito nos ajudou.

Deixamos aqui o nosso agradecimento ao Monge Kaled Amer Assrany, que gentilmente nos emprestou o livro **Dhammapada**, cuja edição traz o texto em páli e a tradução para o inglês de autoria do Venerável Acharya Buddharakkhita Thera, como também ao Venerável Monge Shanti Bhadra Thera, que muito nos auxiliou e orientou no confronto da tradução com o original páli.

Agradecemos também ao Prof. Herbert Wilkes e ao Dr. Gil Fortes, que gentilmente ofereceram a versão portuguesa do **Atthaka** — Livro das Oitavas, baseado na tradução, do original páli para o inglês, do **Ven.** Monge Sri Nyana.

RESUMO DO BUDISMO

* Extraído, em parte, de uma conferência de U-Chan-Htoon, no 16.º Congresso da Associação Internacional para a Liberdade Religiosa. Tradução de Jussara da Costa Paiva (Apostila da Sociedade Budista do Brasil, 1976).

Buda viveu no século VI antes de Cristo. Esse século foi marcado por grande atividade, tanto social quanto intelectual. Foi a era de ouro, ou do apogeu da história das religiões; notável pela inquietude espiritual e agitação intelectual em muitos países. O aparecimento de mestres religiosos no Oriente e no Ocidente, nesse período, foi quase contemporâneo. A História já testemunhara as mudanças radicais das condições sociais e religiosas em Roma e na Grécia. Enquanto Heráclito ensinava a doutrina **panta rhei**, ou a teoria do fluxo, em Atenas Pitágoras dirigia a sua já famosa escola.

Na China havia Lao-Tsé, que ativava a mente dos homens com os ensinamentos sobre Taoísmo. Na Pérsia, atual Irã, havia Zaratustra ou Zoroastro, como era chamado pelos gregos. Na Índia, Mahavira foi o expoente do Jainismo.

Assim, há dois mil e quinhentos anos atrás, as crenças religiosas não se haviam consolidado em dogmas. A religião era associada à filosofia especulativa e havia um espírito de larga tolerância que abrangia muitas escolas de pensamento. Juntamente com a maior parte do mundo antigo, a maioria dessas escolas aceitava a reencarnação como fato básico. Para os homens inteligentes, sempre parecera impossível que a vida pudesse chegar a um fim com a desintegração do corpo físico e, se assim fosse, era igualmente difícil imaginar que ela aparecesse pela primeira vez com o nascimento físico. Em toda a Natureza há um princípio de continuidade em mudança, que nós somos capazes de sentir dentro de nós mesmos, e é isso que tem dado incremento ao conceito de uma alma imortal no homem.

A iluminação de Gautama Buda modificou a idéia de uma "alma" que transmigra, mas o princípio do renascimento permanece, e este, juntamente com a Lei do Carma *, "conforme você semear, você colherá", é que dá ao Budismo o seu código moral. Esses dois princí-

---

* **Karma**, em sânscrito, ou **Kamma**, em páli (Lei de Causa e Efeito); não confundir com **Kama** (páli), que significa desejo dos prazeres sensuais.

pios, juntos, explicam todas as anomalias da vida, o problema do mal e do sofrimento no mundo.

Na Índia, acreditava-se geralmente que o objetivo da vida religiosa era obter o supremo conhecimento, ou iluminação, que a maior parte das seitas julgava ser uma identificação de si próprio com a suprema Divindade (Deus), o Absoluto Impessoal, ou Brama. Havia, contudo, certas escolas que ensinavam o niilismo, e equivaliam aos nossos modernos sistemas agnósticos e materialistas.

O fundador desta grande religião, que é o Budismo, é conhecido como Buda, o Iluminado. Isto é apenas um título, e não um nome. Seu sobrenome era Gotama, ou Gautama em sânscrito, e seu nome próprio era Siddhartha (aquele que alcança o seu objetivo). Seu pai, Suddhodana, era o soberano do reinado dos **Sakyas**, situado nas colinas ao pé dos Himalaias, na fronteira do Nepal. A rainha Maya era sua mãe. Seguindo os costumes da época, ele se casou muito jovem, aos dezesseis anos, com a delicada princesinha Yasodhara. Não lhe faltando nada dos prazeres mundanos, vivia feliz com a amorosa esposa. Entretanto, com o avanço do tempo e maturidade, o príncipe começou a perceber as misérias do mundo. Confrontado com a realidade da vida e com o sofrimento da Humanidade, resolveu procurar uma solução e uma saída deste sofrimento, ou insatisfação universal. Aos 29 anos de idade, logo após o nascimento de seu filho único, Rahula, ele se retirou, solitário, em busca da solução: colocou-se sucessivamente sob a tutela de dois professores das escolas dos Vedas e dos Upanixades e tornou-se mestre em tudo o que elas foram capazes de ensinar no que concernia à união com Brama, não só em teoria, como em prática de meditação. Ele teve êxito de fato, obtendo identificação com a mais alta consciência, considerada a meta final da experiência religiosa. Em dias posteriores, quando já era o Buda, pôde dizer aos brâmanes de sua época que devia ser incluído entre os que tinham conhecido o mais alto estado espiritual, que era um "conhecedor dos Vedas" e era um dos que tinham "visto Brama face a face".

Mas ele achava que isso não era o bastante. Mesmo no mais alto plano espiritual, os deuses de Brama não estavam completamente libertos do processo de vida e morte; estavam, ainda, sujeitos a mudar e, conseqüentemente, sujeitos à incerteza e ao sofrimento. O que ele desejava era um estado completamente fora de todas as categorias de existência e não-existência, absolutamente livre de todos os laços da vida condicionada. Assim, ainda que a maioria dos homens estivesse satisfeita em aceitar a mais alta norma religiosa dos tempos e mesmo tendo tomado lugar como um dos expoentes qualificados dessas doutrinas, ele não estava satisfeito; mas, guiado por um impulso interior, procurou caminhos ignorados de conhecimento e estabeleceu seu objetivo além dos Vedas e Upanixades.

Após seis anos de intensos esforços e penitências, abandonou as mortificações, declarando, no seu primeiro discurso, que aqueles que desejam conduzir uma vida espiritual devem evitar os dois extremos: a auto-indulgência e a autotortura. A auto-indulgência é baixa e a automortificação é loucura; ambas são inaproveitáveis.

Há um Caminho Médio que conduz à serenidade, conhecimento, perfeita paz ou Iluminação (Nirvana); com resolução e confiança em sua própria pureza e força, sem a ajuda de mestres, através da meditação profunda, encontrou-se de posse da grande Verdade e foi, então, que se tornou o Buda. Achou que a fé que nutrira, todo o tempo, num estado de absoluta liberação — estado no qual as condições de nascimento e morte, surgindo e extinguindo-se, nunca poderiam restabelecer-se por si mesmas — havia sido justificada. Este estado é chamado **Nibbana** *; caracteriza-se pela extinção de toda afirmação da vida e causa da morte, qualidade de individualidade, o que significa que, pela total eliminação de todos esses ardentes instintos que nos prendem ao processo de vida, provoca repetidos renascimentos nesta e em outras esferas.

Desta forma, realizou a Suprema Iluminação através da plena compreensão das Quatro Nobres Verdades, as eternas Verdades que são as concepções centrais de seus ensinamentos, a saber:

I. A Verdade de que toda vida sensível envolve sofrimento.

II. A Verdade de que a causa dos repetidos renascimentos e sofrimentos é a ignorância, associada ao desejo.

III. A Verdade de que esse processo de nascimento, morte e sofrimento pode ser levado para um fim somente com a obtenção do **Nibbana** (Nirvana).

IV. A Verdade de que o Nirvana pode ser alcançado seguindo-se com perfeição o Nobre Caminho Óctuplo que abrange **Sila**, **Samadhi** e **Panna**, isto é, moralidade, meditação e compreensão intuitiva.

---

* **Nibbana**, em páli, ou **Nirvana**, em sânscrito: Absoluta Sabedoria, Libertação.

PRIMEIRA NOBRE VERDADE

No Budismo a palavra **dukkha**, que somente podemos traduzir como sofrimento, significa todo o tipo e grau de sensação desagradável, mental ou física; é, de fato, o mesmo que o problema da dor, encontrado nos fundamentos de todas as religiões e filosofias. Uma vez que um ser vive, experimenta sofrimento de uma forma ou de outra; nas palavras do profeta hebreu: "O homem nasceu para o infortúnio, como as fagulhas voam para o alto." O instinto religioso nasce do senso de pesar e dor, para o qual o homem tem tentado, por toda a História, encontrar um antídoto ou uma compensação.

Não somente a religião, mas a ciência também está interessada, antes de tudo, na melhoria do sofrimento; porém, na filosofia budista, a questão do sofrimento assume proporções cosmológicas, porque o verdadeiro processo de vida, sendo um processo de contínua mudança e transformação e, por isso, de inquietação e incerteza, é visto como realmente é: um processo de sofrimento. Em nossas palavras cotidianas falamos de "dores crescentes", mas também de crescimento e declínio, para não falar das eventuais doenças e acidentes, privações e mágoas que encontramos no caminho, sem dúvida, acompanhadas, em cada etapa, pelo sofrimento.

Desde o momento do seu nascimento o homem é sombreado pela morte. Tomando este ponto de vista e insistindo nele, o Budismo não é mais pessimista do que nenhuma outra religião no que diz respeito às condições deste mundo, porque todas as religiões têm conhecimento do enorme problema do sofrimento e não é o homem sozinho que vive assim atormentado. O Budismo leva em consideração a vida de todas as criaturas sensíveis, desse modo trazendo, para dentro do campo de sua filosofia, o reino completo dos seres vivos, que são todos sujeitos à mesma lei de causa e efeito.

SEGUNDA NOBRE VERDADE

A Segunda das Quatro Nobres Verdades refere-se à Causa do processo do sofrimento, que é psicológico. A mente é o fator que ativa a vida; e os corpos físicos dos seres vivos são somente o resultado material de forças mentais anteriores que foram geradas em vidas passadas. O Buda disse: "A mente antecede todos os fenômenos, a mente os domina e os cria."

Por alguns processos, que só poderemos entender inteiramente quando tivermos, nós mesmos, alcançado a Iluminação, a força invisível gerada pela mente, quando ela se liberta do corpo e é projetada para além da morte, agarra-se aos elementos do mundo material e, deles, pelo processo natural da geração, molda uma nova forma de vida. Os elementos estão sempre presentes no mundo físico e entram juntos na disposição exigida quando tem lugar a concepção. É, contudo, a mente — fator pouco conhecido e invisível — que dá à nova existência a sua individualidade. Esta força mental gerada pode ser comparada à lei da gravidade, que opera sobre os corpos materiais sem qualquer agente material de conexão, ou à força da eletricidade que, viajando invisivelmente, desde sua origem, produz uma variedade de diferentes resultados, de acordo com o modo de transformação que sua energia sofre. Ambas essas forças dominantes, imperceptíveis na esfera física — exceto quando avançam para atuar através da substância material —, ainda têm sentido mais real que a matéria por elas influenciada; assim é o caso também da energia mental que anima os seres vivos.

Aqui é necessário esclarecer, por causa de sua importância no contexto do mundo atual, que o Budismo é precisamente a antítese do materialismo porque, enquanto o materialismo sustenta que a mente é somente um subproduto da matéria, a filosofia budista mostra, fora de discussão, que a mente precede as formações materiais e as forma de acordo com suas próprias naturezas e tendências. Este ponto deve ficar bem claro, porque nele acha-se a resposta que o Budismo dá aos erros materialistas da nossa era.

O Budismo procura evitar o uso da palavra "espírito" porque pode ser tomada como significando alguma espécie de entidade permanente; porém, se "espírito" é compreendido como significando a corrente de processos psíquicos não contrários ao processo físico, então nós podemos dizer que, no Budismo, o "espírito" é que é todo-importante. O Budismo ensina o domínio da mente e, na última fase da evolução pessoal, a mente tem que dominar-se a si mesma, mais do que, como agora, ser impelida em direção às coisas externas dominantes.

Mas o funcionamento da mente no estado de ignorância, que é o estado de não-iluminação, é ele próprio dominado pelo desejo, a mais profunda ignorância, o anseio mais forte, como acontece no caso das formas mais inferiores de vida. Conforme subimos na escala, encontramos essa condição quase igual no homem primitivo, porém transformada e, até certo ponto, controlada na vida humana civilizada. Por "desejo" quer-se designar essa sede de viver, que é manifestada na busca da satisfação sensual e na repetição de sensações agradáveis surgidas dos seis sentidos da percepção, isto é, dos sentidos da visão, audição, paladar, tato, olfato e percepção mental. Estes, os sentidos, geram sede contínua por renovados prazeres.

O processo da evolução biológica, como é sabido pela moderna ciência, é simplesmente o transporte, para a frente, de geração a geração, através de eras imensuráveis, desse instinto de ânsia, desejo e apego; é ele quem, trabalhando através de processos biológicos, tem produzido a raça inteira das criaturas viventes, desde o protoplasma da célula única, até o organismo mais altamente evoluído que conhecemos: o ser humano. O instinto da ansiedade, por esse motivo, é a mola mestra do processo de vida; o desejo de viver é o impulso vital, sempre procurando novas intensidades de experiência, e, por causa disso, preparando formas de vida portadoras de mais e mais órgãos altamente especializados, por meio da seleção biológica.

Esse processo é inseparável do seu processo paralelo, de renascimento, porque o renascimento não é a reencarnação de uma "alma" depois da morte, porém, mais precisamente, é a continuação da corrente de causa e efeito, de uma vida para outra. Nada há no Universo que não esteja sujeito a mudar, assim, não há uma entidade estática que possa ser chamada "alma", na acepção geral deste termo. Essa idéia não é peculiar ao Budismo, pois era conhecida pelos filósofos desde o tempo de Heráclito e até pelos psicólogos e neurologistas de nossos dias; mas foi abandonada por Buda, por meio de sua iluminada sabedoria, ao descobrir como isto podia ser e, ainda, ao perceber que esse processo sem alma é, de fato, a base de um renascimento contínuo.

O ser vivo é a totalização de cinco agregados (**skandhas**), sendo um material e os quatro restantes, psíquicos. São eles: 1.º) o corpo físico; 2.º) as sensações; 3.º) as percepções; 4.º) as formações tendenciais (volições); 5.º) a consciência. Todos esses fatores sofrem mudança a cada momento e estão ligados somente pela lei causal — a lei de que "isso tendo sido, aquilo virá a ser". Daí, a filosofia budista vê um ser não como uma entidade permanente, mas como um processo de toda a existência fenomenal — na frase páli, **Anicca, Dukkha, Anatta** (Insatisfação, Impermanência, Impessoalidade): é impermanente, sujeito ao sofrimento e destituído de qualquer substância ou ego permanente. Quando uma vida chega ao fim, o processo ainda continua, levado adiante, para uma nova existência. As atividades de tendências (volições) boas e más da vida passada, então, produzem seus resultados: as boas ações produzindo a felicidade, e as más, miséria. A atividade da volição em pensamento, palavra e ação é chamada **Kamma** (carma); o resultado chama-se **Vipaka**, e em cada vida estamos cumprindo esse processo dual; somos, de uma só vez, os passivos sujeitos dos efeitos das nossas ações passadas e os ativos criadores de novo carma que, por sua vez, dará frutos aqui, ou no futuro.

Conforme já foi dito no início, o tempo não tem começo e isso implica que o ato da criação não tem lugar em algum momento particular selecionado da eternidade, porque é impossível isolar um momento específico de uma eternidade sem tempo, sem passado, presente ou futuro. O ato da criação é mais exatamente o que está acontecendo continuamente dentro de nós mesmos. É a idéia que será familiar a todos os que tenham conhecimento da teoria de Bergson relativa à "evolução criativa"; Buda expressou-a sucintamente, com profunda significação, quando disse: "Dentro desse corpo provido de mente e percepções sensoriais, ó monges, eu declaro a origem do mundo, o término do mundo e o caminho para este fim."

Se a mente humana, com suas limitações, não pode considerar a infinidade do tempo, não pode também formar uma imagem da sua condição, fora da sua situação temporária e espacial. Apesar disso, a Terceira das Quatro Verdades afirma a realidade do Nirvana, que é precisamente o libertar-se da escravidão do tempo, espaço e vida condicionada.

TERCEIRA NOBRE VERDADE

O estado de Nirvana não deve ser compreendido como aniquilação, exceto no sentido de aniquilação das paixões, do desejo, ódio e ignorância, fatores que produzem o renascimento, a roda das existências — **Samsara**. Para o homem comum, cuja compreensão está obscurecida por essas imperfeições, parece não haver alternativa em relação à existência, por um lado, e a não-existência, pelo outro; porém o Absoluto, conforme mencionado, acha-se fora e além de ambas essas categorias ilusórias.

Nas escrituras cristãs está escrito que "o céu e a terra passarão", mas que alguma coisa resta, que não passa. O budista não a chama Deus, ou Palavra de Deus, porque estas são definições e a meta suprema não pode ser definida em termos relativos. A vida na terra, no céu, ou em estados de grande sofrimento é somente temporária porque os seres passam de um para outro, de acordo com suas ações; para além dessas vidas, acha-se a Última, Suprema, Imutável e Indefinível condição: o estado de absoluto equilíbrio, equanimidade e libertação do conflito dos opostos.

O que o homem, na sua ignorância, toma por positivo e real — o mundo dos efeitos fenomenais e de sua própria existência — é real num certo sentido e num plano particular de experiência, mas sua realidade é somente a realidade relativa de um processo de transformação, de um porvir que nunca alcançará o estado de vida perfeita. Quando nós reconhecemos que este é, de fato, o caso, devemos garantir que a verdadeira realidade acha-se em alguma outra dimensão, não somente para além das relações de tempo e de espaço, como as conhecemos, mas também para além de tudo o que elas contêm de possibilidades irrealizadas.

O Nirvana não pode ser descrito porque não há nada em nossa experiência mundana com o qual possa ser comparado, e nada que possa ser usado para fornecer uma analogia satisfatória. É possível alcançá-lo e experimentá-lo enquanto com o corpo vivo e, desse modo, obter a inabalável certeza de sua realidade como um **Dhamma**, que é independente de todos os fatores da vida condicionada. Este é o estado que o Buda alcançou em vida e que possibilitou outros de o atingirem depois dele. Ele mostrou o Caminho, com o convite: "Venha e veja por você mesmo" (**Ehipassiko**).

QUARTA NOBRE VERDADE

A Quarta Nobre Verdade do Budismo é conhecida como o Nobre Caminho Óctuplo, que se compõe do seguinte:

1. Palavra Correta
2. Ação Correta
3. Meio de Vida Correto
4. Esforço (mental) Correto
5. Atenção Correta
6. Concentração Correta
7. Pensamento Correto
8. Correta Compreensão (Visão Interior, Sabedoria).

Para o leigo budista, o código moral consiste em cinco simples preceitos: abster-se de matar, abster-se de tirar o que não é seu por direito, abster-se de má conduta sexual, abster-se de mentir e abster-se de bebidas intoxicantes e drogas. Com esses cinco votos, voluntariamente comprometido, o budista leigo se estabelece na moralidade básica, a diária purificação de pensamento, palavra e conduta.

No **Uposatha**, ou Dias de Jejum, são acrescentados três ou cinco preceitos adicionais, de cunho mais ascético, onde se inclui absoluta castidade, perfazendo oito ou dez preceitos dessa prática regular.

Buda não observou ascetismo severo, mas somente o que é necessário para livrar-se de excessivas ligações; uma vida simples e saudável é o ideal budista, e a prática da generosidade e o culto da benevolência universal são as virtudes principais do seu ensinamento.

Para o monge budista, entretanto, há 227 regras de conduta, as quais estão muito precisamente estabelecidas no **Vinaya**, ou disciplina monástica; mas o princípio ético e de disciplina, quer para o monge, quer para o leigo, é somente o princípio do modo de vida budista. Seu propósito é estabelecer um caminho claro rumo ao progresso espiritual, através da concentração mental, que é, no Budismo, uma ciência psicológica muito exata. Ela se chama **Bravana**, ou Desenvolvimento Mental, e é de duas espécies: **Samatha-Bhavana**, o aperfeiçoamento da tranqüilidade mental, calma e equilíbrio, e **Vipassana-Bhavana**, que é diretamente dirigida à compreensão da verdadeira natureza da realidade.

MEDITAÇÃO

O desenvolvimento de ilimitada benevolência universal para com todos os seres, que é chamada **Metta-Bhavana**, é de fundamental importância. Quando o budista se prepara para a meditação, primeiro purifica sua mente pela criação de pensamentos de amor e compaixão para todos os seres vivos, sem qualquer exceção, estejam perto ou distantes, sejam grandes ou pequenos, visíveis ou invisíveis, e ele dirige esses pensamentos a todos os quadrantes do Universo. Faz isso com compaixão e com altruísmo (alegra-se pelos conhecimentos e benefícios obtidos por outros) e, portanto, com equanimidade. Essas meditações são realizadas mediante pensamentos discursivos e, portanto, nos mais altos estados de compreensão. Essa prática dá calma, tranqüilidade, uma mente mais alerta e repousada e, assim, ajuda no que diz respeito à mais alta prática do cultivo da Visão Interior — **Vipassana**.

A meditação budista consiste no desenvolvimento do poder de concentração da mente, para o que é chamado "acuidade", pela exclusão de todos os objetivos externos, ou conceitos relacionados. As técnicas usadas para este fim incluem a prática da atenção concentrada na inspiração e expiração, ou no desenvolvimento da observação fixada em alguma das atitudes do corpo, tal como os movimentos dos pés caminhando. Nisto, o objetivo de atenção é despojado de todas as eventuais associações mentais; o braço que é erguido deixa de ser "meu braço", o corpo que está de pé, sentado, ou deitado não é mais "meu corpo". É justamente o objetivo de uma contemplação impessoal, o instrumento de movimentos e atitudes. Por esses meios a mente é dominada, posta sob controle completo, separada de todas as falsas interpretações e das paixões que engendra. A mente, de fato, torna-se despersonalizada; contempla as sensações físicas e mentais conforme elas provêm do exterior, soltas e sem envolvimento. É somente quando esse processo de despersonalização mental está completo que a mente torna-se capaz de perceber a realidade, que se acha além das formas sempre mutantes. Ela, então, torna-se um instrumento afiado, temperado para o gume do fio da navalha com a qual corta firme os laços da ignorância. Para colocar o caso de um outro modo, a mente, que até este ponto esteve construindo, momento a momento, o contínuo de sua concepção ilusória de personalidade, subitamente quebra a seqüência dessa atividade; não está mais atada a ela e imediatamente entra numa nova esfera de conhecimento. Quando isso acontece, a cadeia de causa e efeito, à qual está ligada pelas reações emocionais e intelectuais, é quebrada; então não há mais carma enraizado no desejo e, por isso, nenhuma projeção em direção ao futuro da **samsara**. A incessante roda de nascimentos e mortes chega a um fim; na frase budista, "o fogo das paixões está extinto" e, assim, o Nirvana é alcançado. Aquele que assim completou a tarefa de libertação chama-se um **Arahant**.

PRONÚNCIA DAS PALAVRAS PÁLIS *

As vogais das palavras pális são pronunciadas como em português. Ter-se-á o cuidado de estabelecer uma diferença entre as vogais breves e as vogais longas, â, ê, û. A quantidade longa vai aqui representada pelo acento circunflexo (â) em lugar do sinal próprio (--), **macron**.

Quanto às consoantes, **c** se pronuncia sempre **tx**; por ex. **cakka**, pron. "txakka"; **j** se pronuncia **dj**, por ex. **jâtaka**, pron. "djâtaka"; **g** se pronuncia sempre como em "gato", nunca como em "gerar"; por ex. **Gîta**, pron. "guîta". As consoantes **t, th, d, dh, n, l**, são palatais e pronunciam-se levando a ponta da língua ao contato da abóbada do palato, como no inglês "**London**". A letra **h** é sempre aspirada.

---

* Transcrito de **O Dhammapada**, prof. Mário Lobo Leal.

DHAMMAPADA

CAMINHO DA LEI

HOMENAGEM A ELE, O ABENÇOADO, O PERFEITO,
O SUBLIME, O SUPREMO ILUMINADO!

I

VERSOS GÊMEOS OU CAMINHOS OPOSTOS — **YAMAKAVAGGA**

1. Todas as coisas são precedidas pela mente, guiadas pela mente e criadas pela mente. Tudo o que somos hoje é resultado do que temos pensado. O que pensamos hoje é o que seremos amanhã; nossa vida é uma criação da nossa mente.[1] Se um homem fala ou age com uma mente impura, o sofrimento o acompanha tão de perto como a roda segue a pata do boi que puxa o carro.

2. Tudo o que somos hoje é o resultado do que temos pensado. Se um homem fala ou age com a mente pura, a felicidade o acompanha como sua sombra inseparável.

3. Ele me insultou. Ele me maltratou. Ele me rebaixou. Ele me roubou. Os que abrigam tais pensamentos não se libertarão do ódio e do ressentimento.

4. Ele me insultou. Ele me maltratou. Ele me rebaixou. Ele me roubou. Não há ódio nem ressentimento para os que jamais dão guarida a tais pensamentos.

5. O ódio jamais é vencido pelo ódio. O ódio só se extingue com o amor; esta é uma lei eterna.

---

1. Como diz Milton (1608-74): "A mente pode transformar o inferno em céu, ou o céu em inferno." Um provérbio sânscrito diz que o cativeiro ou a liberdade do homem dependem do estado de sua mente.

6. Muitos não sabem que estamos neste mundo para viver em harmonia, esquecendo-se de que morrerão um dia. Para os que meditam nisso, não há divergências e a vida se torna mais branda.

7. Aquele que vive somente à procura de prazeres, ocioso, descontrolado nos sentidos, intemperante na alimentação, é dominado por Mâra[2] (tentação), como as árvores fracas são derrubadas por uma ventania.

8. Quem vive com os sentidos bem controlados, sem procurar prazeres, se alimenta com moderação, tem confiança no poder da virtude, não será iludido por **Mâra**, como uma rocha não é abalada por um vendaval.

9. Indigno é de usar o hábito amarelo aquele que de suas impurezas não se libertou, que não é sincero e que não alcançou o domínio de si mesmo.

10. Mas quem se purificou, controlou os sentidos e firme na virtude permanece, este é de fato digno de usar o hábito amarelo.

11. Aquele que confunde o Real[3] com o irreal (ilusão) e o irreal[4] com o Real, nunca alcançará a Verdade, perde-se no caminho das idéias errôneas.

12. Mas quem reconhece o Real como Real e a ilusão como ilusão com segurança alcançará a Verdade.

13. Da mesma maneira que a chuva penetra na casa mal coberta de palha, as paixões invadem a mente mal vigiada.

14. Da mesma forma que a chuva não penetra na casa bem coberta de palha, as paixões não invadem a mente bem vigiada.

15. O insensato, que age de modo errôneo, sofre neste mundo e no seguinte. Em ambos ele se aflige e se lamenta ao recolher os maus resultados de suas ações impuras.[5]

---

2. **Mâra**: no Budismo, é a personificação de tudo o que é mau; corresponde a Satanás.
3. O Real — **Asâre** — significa o Caminho Óctuplo (A Quarta Nobre Verdade), que consiste em Moralidade (**Sila**), Concentração — Meditação (**Samâdhi**) e Sabedoria — Introspecção (**Panna**); a verdadeira forma que levará à Realização da Completa Compreensão, ao **Nibbana**.
4. Irreal: toda idéia de posse às coisas; idéias e pontos de vista que não são essenciais à vida espiritual.
5-6. A lei da causalidade chega a esta conclusão muito simples: suprimir a causa para suprimir o efeito. A causa é o desejo, que provém da ignorância, que nos faz tomar por real um mundo ilusório; o efeito é o nascimento, a dor e a morte. No sentido budista, estes estados são impermanentes e causados pelo carma.

16. O homem virtuoso, que age bem, é feliz neste e no mundo seguinte; em ambos ele é feliz. Ele se alegra e se rejubila ao recolher os bons resultados de suas ações.[6]

17. Neste mundo, como no seguinte, sofre o insensato; sofre nos dois. Persegue-o o fruto do mal praticado e seu infortúnio aumenta à medida que avança nas esferas do mal.[7]

18. Neste mundo, como no seguinte, o homem virtuoso se rejubila; é feliz em ambos os estados. Reconforta-o o bem realizado. Maior ainda se torna sua alegria à medida que avança nas esferas da beatitude.[8]

19. Falar muito e recitar os textos sagrados,[9] mas não agir consoante a eles, este incauto assemelha-se a um vaqueiro que só conta o gado alheio. Não é discípulo do Bem-aventurado.

20. Falar e recitar pouco os textos sagrados, mas praticá-los, libertando-se da cobiça, da ira e de toda ilusão com verdadeira Sabedoria, com a mente livre dos vínculos deste mundo ou de outro qualquer, na verdade, este homem participa da vida santa!

II

VIGILÂNCIA OU PLENA ATENÇÃO — **APPAMADAVAGGA**

21. A vigilância é o caminho da imortalidade — **Nibbana** (Nirvana).[*]
A negligência é o caminho da morte. Os vigilantes não perecem; os negligentes já estão como mortos.

---

7. Esfera do mal, **duggati**: há quatro estados de infortúnio: 1) do mundo animal; 2) dos espíritos infelizes; 3) do demônio (**Azura**); 4) do Inferno (**Niraya**); este último significa um estado de inimaginável dor e infortúnio em qualquer existência ou mundo; não são eternos para ninguém e cessam ao esgotar-se o mal que os causou. Vide nota 47, versículo 306.
8. Esferas da beatitude, **sugati**: 1) plano feliz da esfera dos sentidos que compreende o mundo humano e o mundo celestial dos Devas, ou Seres divinos (**kama-sugati**); 2) plano feliz do deus Brama, tendo forma sutil (**rupa-sugati**); 3) plano feliz do deus Brama, sem forma (**arupa-sugati**).
9. Textos sagrados, **sahintam**: refere-se aos textos do **Tipitaka** (**Tripitaka**, sânscr.), que estão divididos em 3 cestos: 1) **Vinaya-Pitaka**, regras e disciplina monásticas; 2) **Sutta-Pitaka**, discursos populares do Buda; 3) **Abidhamma-Pitaka**, especulações e metafísica da filosofia budista.
* **Nibbâna** (sânsc. **Nirvana**): a Suprema Iluminação, Suprema Sabedoria; é um estado permanente de consciência desperta e liberta. Este termo significa literalmente: "sem combustível, extinto" e foi traduzido, primitivamente, por alguns

22. Os que pela vigilância vêem a Verdade, sábios e sempre plenamente atentos seguem felizes no caminho dos **Ariyas** (Seres Nobres).[10]

23. Pela meditação profunda, perseverança e infatigável energia, os sábios avançam no Caminho e, por fim, realizam o Nirvana, a suprema paz e incomparável alegria.

24. Aquele que é enérgico, atento, puro na sua conduta, que age de uma maneira refletida, que é vigilante, cuja confiança se reafirma no autocontrole, vivendo uma vida de perfeição — este homem alcançará a glória.

25. Pelo esforço, reflexão, vigilância e autodomínio, o sábio se torna uma ilha[11] jamais submersa pelas vagas.

26. Por ignorância os insensatos se entregam à negligência. Os sábios mantêm a vigilância (plena atenção) como o tesouro mais precioso.

27. Não te abandones à negligência, nem te entregues aos prazeres sensuais. Somente na vigilância e na meditação profunda reside a Suprema Alegria.

28. Quando, pela vigilância, o homem deixa de ser negligente, ele se eleva às alturas da Sabedoria e de lá, liberto do sofrimento, contempla com serenidade a multidão sofredora, como do alto um montanhês divisa a planície.

29. Vigilante entre os desatentos, desperto entre os indolentes, o sábio avança rápido como um corcel veloz que deixa após si um pobre rocinante.

---

orientalistas ocidentais como um estado de "aniquilação do ser", à semelhança de uma gota d'água diluída no oceano. Quem tenha a ventura de o atingir, longe de "se aniquilar", converte-se numa grande força libertadora, que eternamente projeta poderosas correntes de espiritualidade sobre a Humanidade sofredora. Um estado indescritível, um estado incondicionado, fora do tempo e espaço. Veja "Resumo do Budismo", Terceira Nobre Verdade.

10. Seres Nobres, **Aryas**: que entraram para os nobres Caminhos, a saber: 1) Nobre Ser que entra na Corrente — **Sotapana** —, iniciando seu progresso através dos planos transcendentais; 2) o que volta mais uma vez — **Sakadagami** (apenas mais um renascimento na Terra); 3) o que não volta **Anagami**; 4) o **Arahant** — Arahat —, que transcende todos os planos.

11. Ilha — **dipa**: significa segurança, no sentido figurado de estar abrigado dos perigos da sensualidade, errôneos pontos de vista, ignorância, etc.

30. Graças à vigilância, Indra (deus do firmamento e da chuva) conquistou o posto supremo entre os deuses. A vigilância é sempre admirada, a negligência sempre desprezada.

31. O **bhikkhu** (monge) que se compraz na vigilância e conhece o perigo da negligência avança no caminho como o fogo, queimando pequenos e grandes obstáculos.[12]

32. O que se compraz na vigilância e teme a negligência não pode se perder no Caminho; está próximo do Nirvana.

III

A MENTE — CHITTAVAGGA

33. Da mesma forma que o armeiro fabrica flechas que sejam retas, o sábio corrige sua mente incerta e instável, difícil de vigiar e dirigir.

34. Como um peixe fora d'água ofega e se agita incessantemente, assim se esforça e luta nossa mente para livrar-se da rede de **Mâra** (tentação).

35. A mente é instável e caprichosa, difícil de ser vigiada; é ligeira, corre sempre para onde lhe apraz; dominá-la é grande bem; é uma fonte de grande alegria.

36. A mente é invisível e sutil, difícil de ser vigiada, correndo para onde lhe apraz. Que o sábio a vigie: vigiada é uma fonte de felicidade.

37. Errando ao longe, solitário, inconsistente, oculto, o pensamento habita no recesso do coração; assim é a mente.

38. As mentes instáveis, que ignoram o Caminho da Verdade e carecem de confiança e paz, não chegam à plenitude da Sabedoria.

39. As mentes calmas e controladas, livres do grilhão dos desejos, que se elevaram acima do bem e do mal, despertas, desconhecem o temor.

---

12. Obstáculos ou grilhões — **sannojanam** ou **samyojana**: são dez os obstáculos que prendem os seres à roda da existência: 1) ilusão de um "eu", personalidade; 2) dúvida cética; 3) apego a regras e rituais; 4) desejo dos prazeres sensuais; 5) má vontade, ódio; 6) apego a uma existência no mundo da forma; 7) apego a uma existência no mundo sem forma; 8) orgulho; 9) inquietude; 10) ignorância.

40. Considerando este corpo frágil como uma jarra de argila, façamos da mente uma fortaleza subjugando **Mâra** com o gládio da Sabedoria. Depois da vitória, a conquista é mantida pela constante vigilância.

41. Não tardará muito e este corpo jazerá por terra, abandonado, sem vida, inconsciente, insensível, semelhante a um inútil galho seco. Mas não perecerão as conseqüências de seus pensamentos; os bons engendrarão boas ações e os maus engendrarão más ações.

42. Qualquer que seja o mal que alguém faça a quem odeie, ou entre si façam dois inimigos, maior mal é o causado pela mente mal dirigida.

43. Nem pai, nem mãe, nem parente algum nos fará tanto bem quanto a mente bem dirigida.

IV

FLORES DA VIDA — PUPPHAVAGGA

44. Quem dominará este mundo,[13] o reino de **Yama** (da morte e do sofrimento) e o mundo dos deuses (**seres divinos**)? Quem saberá reunir as estrofes do Caminho da Perfeição como ramalhetes de flores?

45. O Discípulo [14] dominará este mundo, o mundo dos seres divinos e o reino de **Yama**, e saberá reunir habilmente as estrofes do Caminho da Perfeição, como quem tece grinaldas de flores.

46. Aquele que sabe que este corpo é efêmero como a espuma das ondas e ilusório como uma miragem, desviará a flecha florida de **Mâra** (sensualidade) e, desapercebido do rei da morte, prosseguirá no Caminho.

---

13. Este mundo: refere-se à ilusão de uma personalidade, ou alma permanente, que é descartada pelo Nirvana.
14. O Discípulo, denominado Nobre Discípulo, Ser Nobre, Santo no Caminho — **Sekha**: refere-se àqueles que já atingiram um dos três primeiros estágios para a realização do Nirvana, a saber: 1) **Sotapanna**, aquele que entrou na corrente; 2) **Sakadagami**, aquele que retorna mais uma vez à Terra; 3) **Anagami**, aquele que não retorna mais. O **Arahant** é o que atinge o 4.º e mais alto estágio; é um **Asekha**, literalmente "não está mais sob treinamento", é um Ser Perfeito.

47. Como uma torrente inunda e arrasta uma aldeia adormecida, seguindo seu caminho, assim a morte arrasta o homem cuja mente colhe as flores das paixões sensuais.
48. Aquele que, ávido de desejos, colhe as flores das paixões é surpreendido pela morte antes mesmo da saciedade.
49. Que o sábio viva em sua aldeia, assim como a abelha recolhe o néctar sem prejudicar a cor e o perfume da flor.
50. Não vos ocupeis com as palavras ásperas, faltas ou negligências alheias, mas, sim, sede consciente de vossas próprias palavras, atos e negligências.
51. Semelhante às belas flores coloridas, mas sem perfume, são infrutíferas as belas palavras dos que as dizem, mas não as seguem.
52. Semelhante às belas flores coloridas e perfumadas, são frutuosas as belas palavras dos que as dizem e as seguem.
53. Como um monte de flores dá numerosas grinaldas, assim também o homem, nesta vida, tem numerosas boas ações a praticar.
54. O perfume das flores, do sândalo, do jasmim ou do incenso não é levado contra o vento; mas o perfume da virtude sobrepujou o vento, alcançando os confins do mundo.
55. Muito acima do aroma do sândalo, do incenso, do lótus ou do jasmim, eleva-se o perfume da virtude suprema.
56. Fraco é o perfume, levado pelo vento, do sândalo, do incenso ou do jasmim, comparado ao da Sabedoria, que alcança o mundo dos seres divinos.[15]
57. **Mâra** ignora o caminho da verdadeira virtude, dos que vivem em vigilância e se libertaram pela Suprema Sabedoria.
58-59. Como o lírio perfumado cresce e floresce no lodo, à beira da estrada, o Discípulo* do Supremo Desperto brilha, pela pureza e sabedoria, entre a multidão cega (iludida) deste mundo.

V

O INSENSATO — BÂLAVAGGA

60. Longa é a noite para quem vela, longa é a estrada para quem está fatigado, longa é a série dos nascimentos e das mortes para os insensatos presos à ilusão dos desejos e que desconhecem a verdadeira Lei (o Caminho).

---

* Discípulo: veja a explicação do versículo 45, nota 14.
15. Seres divinos — **devas**: correspondente a Anjos, às vezes traduzido como deuses.

61. Na grande jornada da vida, não encontrando quem lhe seja superior ou igual, que resolutamente prossiga solitário. No Caminho não há sociedade com insensatos.

62. "Esses filhos são meus, estas riquezas são minhas." Assim se atormenta o insensato. Verdadeiramente, nem nos pertencemos a nós mesmos, muito menos filhos e riquezas.

63. O insensato, reconhecendo-se como tal, pelo menos nisto é sábio. Mas o insensato que se julga um sábio, este sim é verdadeiramente um tolo.

64. Mesmo convivendo a vida toda com um homem sábio, o néscio percebe tão pouco do Caminho da Sabedoria, como a colher o gosto da sopa.

65. Mas o homem esclarecido (aquele que observa e vê), estando um só minuto na companhia de um sábio, logo perceberá o Caminho da Sabedoria, como a língua o sabor da sopa.

66. Os insensatos, que acreditam serem sábios, são inimigos de si mesmos; fazem más ações, das quais, por fim, só colhem frutos amargos.

67. Não é boa a ação que depois de feita traz arrependimentos; quando amadurecida, produzirá frutos amargos que serão colhidos com lágrimas e lamentos.

68. Realmente boa é a ação que depois de feita não traz arrependimentos; quando amadurecida, produzirá frutos doces que serão colhidos com alegria e contentamento.

69. Doce como o mel parece ao tolo a má ação enquanto imatura; porém, quando ele amadurece,* o sofrimento aparece, amargo como fel.

70. Por mais tempo que se alimente com o auxílio da ponta afiada da erva **kusâ**, o insensato nem por isso alcançará a décima sexta parte dos que se alimentam da Verdade (sabedoria dos Sábios).

71. A má ação não dá frutos imediatos, como o leite recém-derramado não azeda imediatamente. Como fogo escondido sob cinzas, um belo dia o mal irrompe sobre o insensato.

72. A maldade do insensato, aumentada pela esperteza, perturba sua mente e aumenta sua ruína.

---

* "Amadurecido" tem, aqui, sentido cármico.

73. O néscio é capaz de desejar uma reputação imerecida, veneração entre os seus e, entre os **bhikkus**,[16] a primazia nos mosteiros.

74. "Que os leigos e religiosos me julguem perfeito, que a mim obedeçam e se submetam às minhas menores ordens" — assim pensa e fala o insensato, e seus desejos e orgulho crescem sem cessar.

75. Existe um caminho que leva aos bens terrestres, outro que leva ao Nirvana. Sabedor disso, o discípulo do Supremo Iluminado não aspira a honras, mas esforça-se na vigilância para a libertação.

VI

O SÁBIO — **PANDITAVAGGA**

76. Considera quem te aponta os defeitos como se te desvendasse tesouros. Segue o sábio que te reprova os erros. Na verdade, estar em tal companhia é um grande bem, e não um mal.

77. Evita, domina, foge de tudo o que não for o bem! Isso desagradará aos insensatos, porém agradará aos sábios.

78. Não tenha por amigos os que praticam o mal. Junta-se aos bons, procura a amizade dos melhores dentre os homens.

79. Quem bebe na fonte da Doutrina vive feliz, com a mente tranqüila. Alegra-se sempre o sábio com a Doutrina revelada pelo Buda.

80. Os que abrem canais conduzem a água para onde querem; os fabricantes de flechas modelam-nas; os carpinteiros trabalham a madeira à sua vontade; os sábios controlam a própria mente.

81. Da mesma forma que a rocha não é abalada pela tempestade, o sábio se mantém imperturbável diante das censuras, ou dos elogios.

82. Semelhante a um lago profundo, límpido e calmo, assim vive o sábio na completa serenidade, quando penetrado pela Doutrina.

---

16. Bhikkhu: monge budista da Escola Theravada.

83. Em qualquer circunstância, o sábio não emprega palavras fúteis, nem se deixa levar pelo desejo; a dor e a alegria não o alteram.

84. Aquele que, para si mesmo ou para os demais, não anseia por filhos, riquezas ou poder, que não sobrepõe seu próprio interesse ao que é correto, esse será virtuoso, justo e sábio.

85. Poucos homens alcançam a outra margem do rio da existência e realizam o **Nibbana**. A maioria perambula na mesma margem.

86. Aqueles que vivem conforme a Lei claramente anunciada, qualquer que seja a dificuldade, alcançam a outra margem vencendo a torrente da morte.

87-88. Abandonando a vida mundana e seguindo o Caminho da Verdade (Doutrina), o sábio encontra no recolhimento a felicidade, que lá parecia ausente. Livre dos desejos e prazeres e de tudo o que possa obscurecer a mente, vai ao encontro da Realização Suprema.

89. Aquele cuja mente está treinada em todos os graus do Conhecimento [17] que leva à Luz, desapegado de tudo, para quem a renúncia é felicidade e cujas paixões e desejos foram subjugados, este, mesmo nesta vida, atinge o **Nibbana**.

---

17. Os graus do Conhecimento da Completa Compreensão (Iluminação) — **Sambodhiangan** — constam de 37 fatores:

   I — Os quatro fatores relativos à plena atenção (Vigilância): 1) do corpo — **kaya**; 2) das sensações — **vedana**; 3) da mente — **citta**; 4) da Doutrina — **Dhamma**.

   II — Os quatro Supremos Esforços: 1) esforço de evitar o mal (estados negativos de consciência: ódio, tristeza, sensualidade etc.) — **acusala**; 2) esforço de superar o mal existente na mente; 3) esforço de fazer surgir o bem (estados saudáveis e benéficos da mente) ainda não realizado; 4) manter e desenvolver, até à perfeição, o bem que já está presente.

   III — Os quatro caminhos do aperfeiçoamento: volição, esforço-energia, mente e sabedoria.

   IV — As cinco faculdades mentais — **indriya**: 1) confiança — **saddha**; 2) energia — **viriya**; 3) plena atenção — **sati**; 4) concentração — **samadhi**; 5) sabedoria — **pannã**.

   V — Os cinco poderes — **Bala**: têm o mesmo significado das faculdades dos sentidos.

   VI — Os sete fatores de Iluminação — **Bojjhanga ou bodhianga**: 1) plena atenção — **sati**; 2) investigação do **Dhamma** — **Dhammavicaya**; 3) energia — **viriya**; 4) alegria (êxtase) — **piti**; 5) serenidade — **passaddhi**; 6) concentração **samadhi**; 7) equanimidade — **upekkha**.

VII

O ARAHANT [18] — ARAHANTAVAGGA

90. Não há mais sofrimento para quem percorreu o Caminho e alcançou a liberdade infinita. Este libertou-se de todos os grilhões. Extinguiu a febre ardente de viver.

91. Como os cisnes ao abandonarem o lago em busca de uma moradia melhor, bem atento, resoluto, ele parte, abandonando a casa e o lar.

92. Aquele que nada acumula, que só se alimenta do estritamente necessário, cujo objetivo é o vazio da Liberdade Incondicionada,[19] é tão difícil seguir-lhe a rota como a de um pássaro voando.

93. Aquele que destruiu em si o desejo e o amor às ilusões da vida, cujas paixões se apaziguaram, que se libertou das causas da existência e cujo objetivo é o Vazio, a Liberdade Incondicional, é tão difícil seguir-lhe a rota como a de um pássaro voando.

94. Os próprios devas (deuses) admiram aquele cujos sentidos foram sabiamente domados, como um corcel por seu cavaleiro, e que se libertou de todo orgulho e paixões.

95. Firme como uma coluna na prática da Doutrina, impassível como a terra que nada ressente, sereno como o lago cuja lama se depositou, para este o ciclo das existências terminou.

---

18. **Arahant:** aquele que destruiu os 10 grilhões, atingiu a perfeição espiritual; às vezes traduzido como verdadeiramente o Meritório. Os 10 grilhões, ou Obstáculos da Iluminação, são os seguintes: 1) crença na personalidade ou a ilusão do eu; 2) dúvida cética defensiva ou discursiva 3) crença na eficácia de regras e rituais; 4) desejo sensorial pela procura de satisfação através da imaginação da mente (luxúria); 5) má vontade, repugnância e ódio; 6) anseio pela paz espiritual, devido ao apego aos objetos psíquico-sutis da meditação intensa (mundo das formas); 7) anseio por uma existência imaterial (mundo sem forma); 8) orgulho espiritual; 9) inquietude e preocupação da mente; 10) ignorância devido aos resíduos de apego e de auto-ilusão.

19. Liberdade Infinita ou Incondicionada — **Vimokka:** é a libertação baseada na penetração das três características da existência — **lakkhanas:** 1) Insubstancialidade, percebida pela ausência de uma personalidade ou um eu permanente (**Anatta**); 2) Impermanência, percebida pela ausência de condicionamentos (**Anicca**); 3) insatisfatoriedade, característica do sofrimento — **Dukkha** —, percebida como ausência de desejo. Resumindo, exprime o vazio da impermanência, insatisfatoriedade e insubstancialidade de tudo o que produziu a Dor.

96. Tranqüilas são as palavras, atos e pensamentos daquele que, pela luz da Sabedoria, se libertou completamente, tornando-se sereno e equânime.

97. Entre todos é o mais excelente dos homens o que não tem fé cega, conhece o Incriado (**Nibbana**), renunciou a todo desejo e rompeu os grilhões do mundo, destruindo os elementos de novos nascimentos.

98. Na aldeia, na floresta, na planície ou nas colinas, onde quer que viva um **Arahant**, é sempre uma dádiva com ele conviver.

99. Para aqueles que não buscam os prazeres mundanos, cheias de encanto são as florestas desdenhadas pela multidão. Nelas se deleitam os que são isentos de paixões.

VIII

MELHOR DO QUE MILHARES — **SAHASSAVAGGA**

100. Melhor que mil palavras vãs, é uma simples palavra que dá paz a quem a ouve.

101. A mil versículos desprovidos de senso, é preferível um simples versículo que dá paz a quem o ouve.

102. A cem versículos desprovidos de senso, é preferível um só versículo da Doutrina que dá paz a quem o ouve.

103. Mais glorioso não é quem vence em batalhas milhares de homens, mas, sim, quem a si mesmo vence.

104-105. Melhor, em verdade, é quem a si mesmo vence, do que vencer os outros. Nem os seres divinos ou anjos **Gandhabba**,[20] **Mâra** ou Brama podem trocar tal vitória em derrota.

106. Se mês após mês e durante um século oferecemos sacrifícios aos milhares e se, por um instante apenas, rendemos homenagem a um Ser Perfeito, este momento vale mais que cem anos de sacrifícios.

107. Mais vale uma breve homenagem a um Ser Perfeito,[21] do que cem anos de devoção mantendo a chama do sacrifício no altar de **Agni** (Deus do Fogo).

---

20. **Gandhabba**: anjos que presidem a música divina.
21. Ser Perfeito — **ujjugatesu**: refere-se àqueles que estão estabelecidos nas Quatro Nobres Verdades; traduzido às vezes como santos, isto é, o **Sotapanna**, **Sakadagami**, o **Anagami** e **Arahat**. Veja a nota 14, versículo 45.

108. Os sacrifícios e devoções feitos durante um ano, para obter algum mérito, não valem a fração de um quarto da homenagem tributada a um Ser Perfeito.

109. Conquista quatro bênçãos — longevidade, saúde, energia e felicidade — quem honra e reverencia os anciãos em virtude e sabedoria.

110. Mais vale um só dia vivido na virtude e na meditação, que cem anos entregue às paixões.

111. Mais vale um só dia vivido na sabedoria e na meditação profunda, que cem anos vividos na insensatez e descontrole.

112. Mais vale um só dia vivido com coragem e esforço correto, que cem anos vividos na indolência e dissipação.

113. Mais vale um só dia vivido na virtude e na meditação, que cem anos passados na ignorância do transitório, sem considerar que tudo surge para desaparecer.

114. Mais vale um só dia passado na contemplação do Caminho que conduz à libertação da morte, do que um século vivido na ignorância do Caminho.

115. Mais vale um só dia decorrido na contemplação da Verdade Suprema,[22] que um século vivido na ignorância da Verdade Suprema.

IX

O MAL — PÂPAVAGGA

116. Apressa-te para o bem, deixa para trás os maus pensamentos. Fazer o bem com lerdeza é comprazer-se com o mal.

117. Se alguém cometer algum mal, que não reincida, nem se rejubile; de más conseqüências é acumular o mal.

118. Se alguém praticar algum bem, que continue a fazê-lo e nele se rejubile; pois acumular o bem resulta em grande bênção.

119. Enquanto a má ação está verde, o perverso nela se satisfaz; mas, uma vez amadurecida, ela lhe traz frutos amargos.

---

22. Ver introdução, "Primeira Nobre Verdade", no que se refere aos 5 agregados, condicionados e impermanentes.

120. O homem pode passar por sofrimentos enquanto suas boas ações não amadurecem. Mas, uma vez amadurecidas, seus frutos trazem felicidade.

121. Não menosprezes o mal, pensando: "Ele não recairá sobre mim". Assim como a água gota a gota enche o pote, assim o néscio pouco a pouco se deixa invadir pelo mal.

122. Não supervalorizes o bem, pensando: "Nunca o atingirei". Assim como a água gota a gota enche o pote, assim o sábio pouco a pouco torna-se uma fonte de bondade.

123. Assim como o prudente viajante que leva riquezas e pouca escolta evita caminhos perigosos, ou como o homem que deseja viver evita beber veneno, assim procedas evitando o mal.

124. O veneno não penetra na mão onde não há ferida, nem o mal atinge aquele que não o pratica.

125. Quem ofende ou prejudica pessoa pura, inocente e indefesa verá esse mal recair sobre si, como quem arremessa poeira contra o vento.

126. Alguns nascem nesta terra; os que praticam o mal renascem nas esferas do **Niraya**; os justos sobem para as esferas superiores; os que são puros alcançam o Nirvana.

127. Nem no ar, nem nas profundezas do oceano, nem nas cavernas das montanhas, em nenhum lugar do mundo podemos nos abrigar do resultado do mal praticado.

128. Nem no ar, nem nas profundezas do oceano, nem nas cavernas das montanhas, em nenhum lugar do mundo podemos nos abrigar do domínio da morte.

X

CASTIGO OU VIDA TERRENA — **DANDAVAGGA**

129. Tremem todos diante do castigo, temem todos a morte. Considerando isto, não mates e não sejas causa de morte.

130. Tremem todos diante do castigo. Temem todos a morte, a todos a vida é cara. Considerando isto, não mates e não sejas causa de morte.

131. Aquele que, em busca da própria felicidade, a outros que também a desejam faz sofrer, não a encontrará nesta vida, nem em outra qualquer.
132. Aquele que, em busca da própria felicidade, a ninguém faz sofrer, encontrá-la-á nesta vida, ou na seguinte.
133. Nunca uses palavras pesadas; cedo ou tarde, a réplica vem e traz o sofrimento de volta, como quem arremessa poeira contra o vento.
134. Se viveres na quietude interior como um gongo quebrado que ficou silencioso, alcançarás a paz do Nirvana e tua cólera será serenidade.
135. Da mesma maneira como o vaqueiro dirige o gado para o pasto, assim a velhice e a morte conduzem a vida dos seres (para uma nova existência).
136. Praticando o mal por ignorância, o insensato esquece que acende o fogo que o queimará um dia.
137-138-139-140. Ofender, ferir ou prejudicar qualquer ser indefeso, ou puro, é expor-se, cedo ou tarde, aos dez seguintes males: inimizades, penosas dores corporais, graves enfermidades, acidentes, perturbações mentais, questões judiciais, perda de bens, perda de parentes, incêndio da casa; e após a dissolução do corpo, o insensato renascerá no **Niraya**.
141. O costume de andar nu, os cabelos trançados à maneira dos ascetas, os jejuns, o dormir no chão ao relento, o cobrir-se com cinzas ou poeira, o sentar-se imóvel nos calcanhares (em penitência), as prosternações, nada disso purifica o mortal que não se livrou do desejo e da dúvida.
142. Embora vestido com apuro, aquele que cultiva a tranqüilidade da mente, que é sereno, senhor de si, puro e a nenhum ser vivo maltrata, é um santo, é um asceta é um **bhikkhu**.
143. Haverá neste mundo um tão puro homem que evite uma censura, ou um corcel bem adestrado ao toque do rebenque?
144. Como corcel bem adestrado tocado pelo rebenque, pela confiança, pela virtude, pela energia, pela meditação profunda, pela investigação da Doutrina, pela sabedoria e plena atenção sobrepujamos o sofrimento da existência.
145. Os lavradores abrem valas e conduzem a água para onde querem; os fabricantes de flechas as retificam; os carpinteiros trabalham a madeira à sua vontade; o homem de bem a si mesmo se controla.

XI

VELHICE — JARAVAGGA

146. Que prazer, que alegria pode haver no mundo, quando tudo em volta está devastado pelos tormentos? Envolto em trevas, não buscarás a luz?

147. Observe este corpo! Algumas vezes enfermo, sofredor e cheio de vãos desejos. Nunca permanente, mudando sempre.

148. A idade consome este frágil corpo, ninho de doenças e decrepitude, que a decomposição por fim desagrega. Atrás da vida esconde-se a morte.

149. Como ficar alegre, olhando esses ossos secos e esbranquiçados, dispersos como cucúrbitas secas no outono?

150. Nesta estrutura toda de ossos recobertos de carne e sangue habitam o orgulho, o ciúme, a hipocrisia, a decadência e a morte.

151. Os pomposos carros reais desgastam-se e são destruídos pelo uso, assim como o nosso corpo pela idade; mas os ensinamentos dos sábios perduram, passando de um para outro, e jamais se extinguem.

152. O homem que não procura aprender envelhece à maneira do boi; aumenta de peso, mas não de sabedoria.

153. Muitos nascimentos atravessei no ciclo das vidas e das mortes; em vão procurei o arquiteto da casa (da vida e da morte). Que miséria, nascer e renascer sem fim!

154. Conheço-te agora, ó arquiteto (desejos), e não mais construirás a casa. Quebradas estão as vigas (paixões) e desabou a cumeeira (destruída a ignorância). Livre está a minha mente, pois cheguei à extinção dos desejos, ao imortal Nirvana!

155. Aqueles que não levaram uma vida pura, disciplinada, que na juventude não recolheram as riquezas dos ensinamentos, perecem como velhas garças tristes às margens de um lago sem peixes.

156. Os que não observaram a conduta conveniente e não recolheram, na juventude, as riquezas do saber, mais tarde são como arcos quebrados — só lhes resta lamentar as forças perdidas.

XII

O EGO — ATTAVAGGA

157. Se tens por ti mesmo estima, conserva-te atento. O sábio é vigilante um terço da sua vida. [23]

158. Começa por te estabelecer a ti mesmo no Caminho, só então poderás instruir os outros. Assim o sábio evita censuras.

159. Se alguém se tornar perfeito, igual aos conselhos dados, então, bem controlado, em verdade, pode a outrem dirigir. Difícil, realmente, é o autocontrole.

160. O ego é o mestre do eu. Cada um é seu próprio mestre e refúgio, quem outro poderia ser? O completo domínio de si mesmo é o único refúgio difícil de lograr.

161. A má ação praticada pelo "eu", filha do "eu", produto do "eu" tritura o insensato, como o diamante as demais pedras.

162. Aquele que muitas más ações pratica assemelha-se à parasita **mâluvâ**, que, emaranhando a árvore **sâla**, a si mesmo causa o mal que lhe desejaria seu pior inimigo.

163. Fácil é fazer o que é nocivo e errado para nós. Difícil, na verdade, é fazer o que é certo e benéfico.

164. O insensato, seguindo idéias errôneas, rejeitando os preceitos dos sábios, dos Nobres Seres, dos **Arahants,** assemelha-se ao fruto da árvore **katthaka,** que para a autodestruição amadurece.

165. Quando o homem age mal, é por si mesmo que é impuro; quando o homem age bem, também por si mesmo é puro. Os estados de pureza ou impureza são criados pelo próprio homem, nada podendo ser feito para que um indivíduo purifique um outro.

166. Percebendo claramente o Caminho, não negligencies; continua nele, vigilante, mesmo que de grande valor te pareçam outras vias.

---

23. Um terço da vida: A noite é dividida em três vigílias de 3 horas cada. Alguns vêem esta passagem como alusiva à infância, mocidade e maturidade; maturidade, metaforicamente, no sentido de espiritualidade, e não idade madura, ao pé da letra.

XIII

O MUNDO — LOKAVAGGA

167. Não sigas a via do mal; não cultives a indolência! Não corras atrás das idéias errôneas! Não sejas dos que se atardam no mundo!
168. Levanta! Observa! Aquele que segue uma vida reta é feliz neste e no mundo seguinte.
169. Segue uma vida reta, afasta-te do mal! Aquele que segue a vida reta é feliz neste e no mundo seguinte.
170. Se contemplas o mundo como uma bolha de espuma, se o tens apenas como uma miragem, não te alcançará o rei da morte (**samsâra**, o vir-a-ser).
171. Não contemples este mundo adornado como a uma carruagem real, atraente para os tolos, mas sem interesse para os sábios.
172. Aquele que, tendo-se libertado da negligência, torna-se vigilante resplandece neste mundo como a lua emergindo das nuvens.
173. Aquele cujas boas ações desfizeram o mal feito ilumina o mundo como a lua emergindo das nuvens.
174. Em trevas está o mundo e poucos são os que, percebendo o Caminho, alcançam a liberdade infinita, semelhante aos poucos pássaros que se libertam do cativeiro.
175. Seguem os cisnes o caminho do sol pelo milagre do vôo. Os homens levitam pelo poder psíquico. Libertam-se do mundo os sábios que venceram as hostes de **Mâra** (desejos e paixões).
176. Aquele cujas palavras são mentiras, que transgride um só artigo da Doutrina e despreza os planos superiores da existência, não há outro mal que ele possa cometer.
177. O avarento não chega ao mundo dos seres divinos. O tolo não conhece a alegria da liberalidade; o sábio que nela se compraz encontra alegria neste mundo e em outros superiores.
178. O fruto [24] do primeiro passo no caminho do Nirvana é mais valioso do que dominar a terra, atingir o céu, ou reinar sobre os universos.

---

24. O fruto do primeiro passo é alcançado quando o Primeiro Nobre Discípulo — **Sotapanna** — atinge o primeiro grau da Iluminação, que se caracteriza pela libertação dos primeiros três grilhões (ilusão do eu, dúvida cética, apego às regras e rituais) e, assim, alcança, ao mesmo tempo, o primeiro benefício, ou fruto da Iluminação.

XIV

O BUDA — BUDDHAVAGGA

179. Aquele cuja vitória (sobre as paixões) em todos os tempos nunca foi ultrapassada nem mesmo igualada, o Supremo Desperto, que está na esfera ou no domínio que nada pode limitar, como despistá-lo, a ele que não deixa pegadas?

180. Aquele que se libertou do desejo e da cobiça, a quem mais nada pode seduzir, como perturbá-lo, por qual meio surpreendê-lo, a ele que não deixa pegadas?

181. Até os próprios seres divinos admiram os que se deleitam na Renúncia (Nirvana) tal como os Plenamente Atentos — os Budas.

182. Difícil é nascer como ser humano. Difícil é viver esta vida mortal. Rara é a oportunidade de ouvir a Verdadeira Lei (Dhamma). Raro é o nascimento de um Buda.

183. Abster-se do mal, fazer o bem e purificar a mente, este é o ensinamento de todos os Budas.

184. A paciência, a indulgência e a austeridade são as melhores práticas ascéticas que levam ao maior bem, o Nirvana. O verdadeiro discípulo a ninguém maltrata, nem o verdadeiro asceta a ninguém ofende.

185. Abster-se de palavras ou ações más, não prejudicar seres vivos, ser moderado no comer e no dormir, viver retirado e exercitar-se na profunda meditação — estes são os ensinamentos dos Budas.

186. Nem mesmo uma chuva de moedas de ouro poderia estancar a sede dos desejos, pois eles são insaciáveis e geram dor; eis o que vê o sábio.

187. Como o sábio pode achar alegria mesmo nos prazeres celestiais? Quando os desejos se vão, vem a alegria. Os seguidores de Buda conhecem esta verdade e se deleitam na extinção dos desejos.

188-189. Possuídos pelo medo por toda a parte, muitos buscam refúgio seguro nas montanhas, nas florestas e nas capelas, mas não o encontram. Estes não são os refúgios que libertam o homem do sofrimento.

---

* Verdadeira Lei: a verdade sobre o nosso ser.

190-191-192. Aquele que se refugia no Buda, no **Dhamma**[25] e no **Sangha**, percebe claramente a sabedoria das Quatro Verdades: a Dor — **dukkha** —, a origem da Dor, a cessação da Dor e o Óctuplo Caminho que conduz à cessação da Dor. Em verdade, este é o Supremo Refúgio. Recolher-se nele é libertar-se de todo sofrimento.

193. Raros são os que têm a visão da Verdade*; um Buda não nasce em qualquer parte e, onde nasce, prosperam felizes os que o rodeiam.

194. Abençoada é a aparição dos Budas e a divulgação dos seus ensinamentos. Abençoada é a comunidade unida e harmoniosa dos discípulos.

195-196. Não há mérito comparável ao do homem que reverencia um Buda, ou seus discípulos, estes que deixaram a margem do sofrimento, superando todos os obstáculos, e passaram para a outra margem.

XV

A FELICIDADE — **SUKHAVAGGA**

197. Entre os que odeiam, felizes realmente são os que vivem sem ódio. Entre os que são hostis, felizes são os que vivem sem ressentimento.

198. Entre os atormentados e doentes, felizes realmente são os que vivem sem sofrimento.

---

25. Buda, **Dhamma** e **Sangha**: chamados Os Três Componentes do Budismo, ou Três Refúgios — **Tisarana** —; significa literalmente "Os Três Tesouros, Jóias, Gemas, etc." São o Buda, ou seja, o Esclarecido, o Iluminado; o **Dharma/Dhamma**, ou seja, os ensinamentos do Buda, a Doutrina, Verdade, Lei; e o **Sangha**, isto é, a Ordem, Comunidade dos discípulos, eclesia budista. Os três componentes do Budismo são inter-relacionados: o Buda ensinou e exemplificou o **Dhamma**, isto é, a Doutrina que, subseqüentemente, foi ensinada e exemplificada por seus seguidores; tanto na qualidade eclesiástica, quanto na leiga, inclinaram-se a idealizá-lo como unidade cósmica, não condicionada, ou mente completamente iluminada, mais do que a lembrar-se dele historicamente, criando o **Sangha**, ou seja, a Comunidade. **Sangha** refere-se a: a) Ordem dos Seres Nobres, Santos (**Ariya Sangha**); b) Ordem dos Monges (**Bhikkhu Sangha**). Um Ser Nobre — — **Ariya** — pode ser tanto um monge (**bhikkhu**), ou monja (**bhikkhuni**), como um ser divino — **Deva** —, ou um leigo (**upâsaka**) ou leiga (**upasika**), significa um estado mental no Caminho da Realização.

* Verdade, Doutrina, Lei. **Dhamma**: a verdade sobre o nosso ser.

199. Entre os gananciosos (ávidos de desejos), felizes realmente são os que vivem sem desejos.
200. Felizes, realmente, somos nós que nada queremos possuir. Na serenidade, resplandecemos como seres divinos.
201. A vitória gera o ódio, pois o vencido jaz no infortúnio. Só é feliz aquele que é sereno diante das vitórias e das derrotas.
202. Não há fogo comparável à paixão, mal maior que o ódio, nem sofrimento comparável à desarmonia que proporcionam os agregados da existência.[26] Não há felicidade maior do que a paz do Nirvana.
203. A maior doença é a fome das paixões, mas a maior das tristezas são os males causados pela desarmonia dos elementos da vida que constituem a existência dos seres. Quem isto sabe e vê compreende que o Nirvana é a maior das felicidades.
204. A saúde é o maior bem; o contentamento, o maior tesouro; o amigo fiel, o melhor parente. O Nirvana é a suprema felicidade.
205. Aquele que experimentou a quietude do recolhimento e sente a alegria da paz, sem sofrimento e puro, conhece o sabor da Doutrina.
206. Triste é conviver com insensatos, mas grande felicidade é contemplar e conviver com os **Ariyas** (Seres Nobres).*
207. Conviver com insensatos é, em todas as circunstâncias, tão penoso e prejudicial como conviver com inimigos. A companhia do sábio dá a mesma felicidade que o encontro com entes queridos.
208. Quando encontrares um homem resoluto e desperto, esclarecido, judicioso, de grande discernimento, paciente e virtuoso, segue-o como a lua segue o caminho das estrelas.

XVI

PRAZER TRANSITÓRIO — **PIYAVAGGA**

209. Aquele que se dedica ao improfícuo e não se dedica ao que é útil e esquece o verdadeiro objetivo da vida à caça de prazeres transitórios, prepara o remorso de não ter seguido a melhor via (vigilância, plena atenção).**

---

26. Agregados da existência — **skandhas (khandha)**; são cinco os agregados que constituem um ser: 1) matéria; 2) sensações; 3) percepções; 4) formações; 5) consciência. Veja a nota 27, versículo 221.
* Seres Nobres — **Ariyas**: veja a nota 10, versículo 22.
** Veja a nota 31, versículo 249.

210. Observa com serenidade o prazer e a dor. A ausência do que se ama é dor e a presença do que não se ama é dor.
211. Evita apegar-te, seja ao que for, pois não há sofrimento para os que, com serenidade, não se apegam, nem têm aversão.
212. Da afeição egoísta nascem a tristeza e o temor. Livres da afeição não sentiremos nem tristeza, nem temor.
213. Do amor (apego)* nasce a tristeza e o temor. Livre do amor não sentiremos nem tristeza nem temor.
214. Da sensualidade nascem a tristeza e o temor. Livres da sensualidade não sentiremos nem tristeza, nem temor.
215. Dos desejos dos sentidos nascem a tristeza e o temor. Quem deles se liberta desconhece a tristeza e o temor.
216. Da cobiça nascem a tristeza e o temor. Quem dela se liberta desconhece a tristeza e o temor.
217. O mundo estima aquele que possui virtude e sabedoria, que segue a Doutrina, o Caminho da Perfeição, cujas palavras são verdades e faz o que lhe cabe fazer.
218. Aquele que, com determinação, mantém a mente firme, que está liberto dos prazeres sensuais e vai contra a corrente** das paixões da vida terrena está na fronteira do inefável Nirvana (**Nibbana**).
219-220. Assim como é recebido com alegria pelos amigos e parentes o que retornou são e salvo após longa ausência, assim também o recebe o mérito das suas boas ações em outra vida.

XVII

A IRA — **KODHAVAGGA**

221. Liberta-te da cólera, liberta-te do orgulho, quebra todos os grilhões.*** Nada sofre e nada teme aquele que, sem paixões, não mais se apega a nome e forma [27] (abstrato e concreto).

---

* O amor é uma das idéias essenciais da ética budista; o amor universal é o que deve ser cultivado, isto é, o amor incondicionado a todo ser vivo, não o amor egoísta (amor-apego).
** Aqueles que se opõem à corrente pela qual a Humanidade se deixa arrastar: a corrente das idéias errôneas relativas à natureza da existência e dos erros de conduta por elas ocasionados.
*** Grilhões: veja a nota 12, versículo 31.
27. Nome e forma, ou corpo e mente — **namarupa** —: são os 5 agregados **skandhas**. **Nama** inclui os 4 agregados (subjetivos): sensações — **vedana**; percepções — **sannã**; formações — **sankhar**; consciência — **vinnãna**; e **Rupa**, o 5.º agregado (objetivo) da corporalidade ou matéria.

222. Aquele que domina a cólera crescente como se freia um carro desgovernado chama-se um condutor. Os outros apenas seguram as rédeas.

223. Vence a cólera pela serenidade, o mal pelo bem, a avareza pela generosidade e a mentira pela verdade.

224. Dize a verdade; não te entregues à cólera; dá do pouco que possuis a quem te pede; estes três méritos aproximam os homens dos deuses.

225. Os que a nenhum ser vivo ferem e dominaram os sentidos estão no caminho do **Nibbana**, a morada onde não mais existe a Dor.

226. Os que são, dia e noite, vigilantes e disciplinados, com a mente firmemente voltada para o Nirvana, aos poucos se libertam de suas impurezas.

227. Ninguém no mundo escapa à crítica: são criticados os que ficam em silêncio, os que falam em excesso, ou os que falam com moderação.

228. Não há, nunca houve e jamais haverá pessoa alguma totalmente livre de censuras, ou permanentemente louvada.

229-230. Quem ousaria censurar um homem sem falhas, louvado dia após dia pelos sábios, cuja vida é pura como uma moeda de ouro refinado, virtuosa e cheia de sabedoria? Até os seres divinos e o próprio Brama [28] o apreciariam.

231. Sê vigilante da insubmissão do corpo. Não firas com o corpo (pela ação). Refreia as maneiras errôneas de agir, seguindo o caminho das ações corretas.

232. Sê vigilante da insubordinação da língua. Não firas com palavras. Refreia as palavras ditas com cólera, as maneiras errôneas de falar, seguindo o caminho das palavras corretas.

233. Sê vigilante da insubordinação da mente. Não firas com pensamentos. Refreia as maneiras más de pensar, seguindo o caminho dos pensamentos corretos.

234. O sábio que realmente tem perfeito domínio de si mesmo vigia suas ações, refreia suas palavras e domina seus pensamentos.

---

28. Brahma: deus supremo dos hindus. Não confundir com brâmane ou **Brahman**.

XVIII

A IMPUREZA — MALAVAGGA

235. Eis-te como folha seca na árvore da vida! Os arautos do rei da morte batem à tua porta. Partes para uma longa viagem e não tens provisão alguma para a jornada (mérito de boas ações).

236. Apressa-te, esforça-te, faze de ti mesmo uma ilha (um refúgio), sê sábio. Extinguindo tuas impurezas, livre das paixões, entrarás no mundo divino dos **Arahants**.

237. Estás no fim da tua vida, estás às portas da morte, na presença de **Yama** (rei da morte). Não há mais nenhuma pausa no caminho e não tens as necessárias provisões (méritos).

238. Apressa-te, torna-te uma ilha, trabalha com ardor, sê sábio. Extinguindo tuas impurezas, livre das paixões, não mais estarás sujeito ao nascimento, nem à morte.

239. Como o ouvires remove o escória da prata, o sábio, pouco a pouco e progressivamente, remove as impurezas da mente.

240. Assim como a ferrugem aos poucos corrói o ferro, as más ações conduzem o homem ao infortúnio.

241. A falta de repetição compromete a eficácia dos mantras.* A falta de conservação é a ferrugem que compromete a solidez das habitações. A falta de exercícios saudáveis é a ferrugem que compromete a beleza e a saúde do corpo. A falta de atenção é a ferrugem que compromete o vigilante.

242. Má conduta é mancha. Para quem dá, a avareza é mácula. A ação má, em verdade, é mancha neste e no outro mundo.

243. A ignorância [29], porém, é a maior de todas as máculas. Destruída, sereis puros, ó discípulos.

244. A vida é (aparentemente) fácil para o desavergonhado, o atrevido, o malicioso, o simulador, o libertino, o egoísta, o insensível, o corrupto, o impuro.

245. A vida é (aparentemente) árdua para o modesto, para o que busca a perfeição, o pacífico, o desinteressado, o tranqüilo, o íntegro, o sensato, cuja vida é pura e que viu o Caminho.

---

* Mantra: palavras ou versos considerados sagrados pelo Hinduísmo.
29. A ignorância é o primeiro dos doze elos da roda da vida (produção interdependente) e é o último dos grilhões a ser quebrado.

246-247. Já está, neste mundo, como que morto, aquele que destrói vidas, que mente, que toma o que não lhe é dado, que cobiça a mulher alheia e se entrega a bebidas e entorpecentes que perturbam a mente.[30]

248. Sabei, pois, funesto é não saber dominar-se. Agi de modo a evitar a cobiça e as paixões, que são difíceis de controlar e que vos expõem a interminável sofrimento.

249. Cada qual dá segundo a fé, ou pelo prazer. O ciumento, que se perturba com o que os outros conseguem, nem de dia nem de noite chegará à concentração **samâdhi**.[31]

250. Quem destruiu em si as raízes de tal sentimento, o ciúme, chegará dia e noite à suprema concentração **samâdhi**.

251. Não há fogo comparável à sensualidade, nem cativeiro tal como o ódio. Não há rede embaraçada como a ilusão, nem torrente comparável ao desejo.

252. Fácil é sempre ver as faltas alheias, difícil é ver as próprias. Espalhamos as faltas alheias como a palha do trigo ao vento, mas as nossas, ao contrário, as dissimulamos, como, no jogo, um astuto trapaceiro dissimula sua fraude.

253. Quem repara as faltas alheias e sem descanso as evidencia, além de aumentar as suas faltas, aviva o fogo de suas próprias paixões.

254. Através do espaço não há caminho. O nobre **sâmana** (asceta) encontra o Caminho no seu interior. A Humanidade se deleita nos prazeres mundanos [32] que são os obstáculos do Caminho, mas os **Tathagatas** [33] sobrepujam este obstáculo.

---

30. Estes são os Cinco Preceitos chamados "mandamentos" do Budismo — **Pancha Sila**.
31. Concentração — **samâdhi** —: significa a Correta Concentração Budista, ou Observação Pura; consiste no cultivo da meditação de plena atenção, ou Vigilância — **Satipatthana** —, que desenvolve a Visão Interior, ou Intuitiva, no aqui e agora, isto é: 1) na vigilância em todas as atividades físicas (em pé, andando, trabalhando, etc.); 2) na meditação sentada, cultivando a tranqüilidade — **Samatha** —, que leva aos estados de absorção mental — **dhyana**.
Esta perfeição em vida consiste em ver pela Visão Interior (realmente transcendental) as Quatro Nobres Verdades, em seus aspectos diferentes, e ter uma visão direta da inexistência da natureza do eu.
32. Prazeres mundanos: apego, orgulho, idéias errôneas.
33. **Tathagata**: literalmente, "O Grande Ser", um dos epítetos do Buda.

255. Através do espaço não há caminho. O nobre **sâmana** encontra o Caminho no seu interior. No mundo criado (condicionado) nada é eterno. Só os Budas que passaram para a outra margem, do rio do tempo estão para sempre na eternidade.

XIX

O JUSTO — DHAMMATTHAVAGGA

256. Não é justo aquele que julga às pressas, ou usa da violência; o sábio serenamente considera o que é certo e o que é errado.

257. Quem julga outrem não pela violência, mas com serenidade, conhecimento de causa e esclarecido pela Doutrina, é guardião da verdade. Este, sim, merece o nome de justo.

258. O sábio não é o que mais fala. O homem sereno, isento de cólera e temor, prestativo e corajoso, este, sim, merece o nome de sábio.

259. Não é recitando os textos que alguém é sustentáculo da Doutrina; mas o que, embora pouco instruído na Doutrina, a realiza e não a negligencia, este, sim, é um sábio.

260. O homem não é **Thera** [34] (Venerável) somente pelos cabelos brancos. Ser velho só pelos anos que conta, em verdade, é ter envelhecido em vão.

261. Aquele que é franco, virtuoso, pacífico, paciente, moderado, puro e possui autodomínio, este, sim, de fato é um ancião venerável **(Thera)**.

262. Não somente a eloqüência, nem tampouco a bela aparência, fazem do invejoso, ganancioso e falso um homem digno de ser respeitado.

---

34. **Thera**: convencionalmente, é um **bhikkhu** com pelo menos dez anos de ordenação e graduado, mas o sentido real está na maturidade espiritual, daí o termo "ancião".

263. Mas aquele que se libertou da inveja, da ganância e da falsidade, que está livre das paixões, sábio e compassivo, este, sim, é digno de ser respeitado.

264. Não é a tonsura que faz de um homem negligente e mentiroso, que não se liberta da concupiscência e da cobiça, um **sâmana**.

265. O que de todo mal, pequeno ou grande, está pacificado, merece ser chamado um **sâmana**.

266. Um homem não é **bhikkhu** apenas por mendigar [35] e pronunciar os votos. É preciso viver a Doutrina.

267. Mas aquele que está acima do bem e do mal, que é casto e age com sabedoria e reflexão, este, sim, merece ser chamado **bhikkhu**.

268-269. O ignorante e insensato não se torna um **muni** [36] (sábio), pelo simples fato de tão-somente observar o silêncio. Mas quem considera o bem, rejeita o mal, observa o silêncio e vive a Doutrina, tendo pleno conhecimento dos dois mundos [37] (o real e o ilusório), e sabiamente escolhe o caminho da virtude, este, sim, é de fato um sábio.

270. Maltratando os seres vivos um homem não se torna um **Ariya** (Ser Nobre). O que é compassivo para com todos os seres vivos, este sim, em verdade, é **Ariya**.*

271-272. Não meramente pelos preceitos e observâncias, nem por aprofundar-se nos estudos, nem por atingir a absorção mental na meditação, nem por uma vida reclusa, nem por pensar: "Deleito-me na bem-aventurança"; mas para realizar o Caminho da Espiritualidade, sede vigilantes, ó discípulos, até atingirem a vitória, a completa extinção dos desejos.

---

35. Mendigar: o monge vai de casa em casa, silenciosamente, pedindo alimento. A mendicância é considerada, aqui, ação meritória para ambos, tanto para quem generosamente dá, como para quem humildemente recebe.
36. **Muni**: vem da palavra pensar, contemplar sabiamente, com compreensão, as Quatro Nobres Verdades.
37. Dois mundos (**ubho loke**) tem o sentido do mundo subjetivo e do mundo objetivo, na visão introspectiva dos 5 agregados da existência; veja a nota 27, versículo 22.
* **Ariya**: veja a nota 10, versículo 22.

XX

O CAMINHO — MAGGAVAGGA

273. O melhor dos caminhos é o Caminho Óctuplo; [38]
A melhor das verdades, as Quatro Nobres Verdades; [39]
O melhor dos estados, o liberto das paixões;
o melhor dos homens, o que sabe e vê (o Desperto).
274. Em verdade, este é o único Caminho, não há outro que conduza à purificação da mente. Seguindo-o, desnortearemos **Mâra**.
275. Seguindo este Caminho poreis termo à Dor. Descobri este Caminho quando descobri as raízes do sofrimento.
276. Tu próprio deves fazer o esforço. Os **Tathagatas** * apenas apontam o Caminho. Os meditativos que seguem o Caminho se libertam dos liames de **Mâra**.
277. Todas as coisas condicionadas (formas criadas) são impermanentes — **anicca**.[40] Quem isto vê com sabedoria vive em paz no mundo. Este é o caminho da purificação.
278. Todas as coisas condicionadas são insatisfatórias (acarretam sofrimento) — **dukkha**.[41] Quem isto vê com sabedoria vive em paz no mundo do sofrimento. Este é o caminho da purificação.

---

38. Caminho Óctuplo — **Atthangika Magga**: consiste em 8 fatores: 1) palavra correta; 2) ação correta; 3) meio de vida corrreto; 4) esforço correto; 5) plena atenção correta; 6) concentração correta; 7) pensamento correto; 8) correta compreensão. Estes oito fatores estão entrelaçados entre si, e cada um contribui para o aprimoramento e desenvolvimento dos outros. A finalidade destes oito fatores é facilitar o aperfeiçoamento no Caminho e subdividem-se em 3 os elementos essenciais ao treinamento da disciplina budista, que são:
    I — Conduta ética (Moralidade) — **Sila** — consta dos 1.º, 2.º e 3.º fatores do Caminho Óctuplo.
    II — Disciplina Mental (Meditação) — **Samâdhi** — consta dos 4.º, 5.º e 6.º fatores do Caminho Óctuplo.
    III — Introspecção (Sabedoria) — **Panna** — consta dos 7.º e 8.º fatores do Caminho Óctuplo.
39. As Quatro Nobres Verdades (**catu sacca**) são as seguintes:
    I — A Verdade da Existência do Sofrimento (Impermanência — **Anicca** —, Insatisfatoriedade — **Dukkha** —, Impessoalidade — **Anatta**).
    II — A Verdade da Causa, ou Origem, do Sofrimento (Desejo, Ambição, Anseio — **Tanhã**).
    III — A Verdade da Cessação do Sofrimento (Extinção do Desejo, da Ambição, do Anseio — **Nirvana**).
    IV — O Caminho que conduz à Extinção do Sofrimento (Caminho Óctuplo).
* **Tathagata**: veja a nota 33, versículo 254.
40, 41, 42. Nestes três ditos está a essência do ensino do Buda.

279. Todos os **Dhamma**, estados condicionados e não condicionados não têm substância própria, não têm eu — **anatta** [42] (todas as coisas sem exceção). Este é o caminho da purificação.

280. Aquele que, jovem e forte, não se esforça quando necessário, abandonando-se à preguiça, que é fútil, fraco, apático e sem determinação, este nunca encontrará o caminho da sabedoria.

281. Purificando-se pela abstenção de maus atos, observação da linguagem e vigilância da mente, alcançarás o caminho dos sábios.

282. No exercício da meditação * desenvolve-se a sabedoria, no cultivo das paixões desenvolve-se a ignorância. Conhecendo esses dois caminhos, escolha aquele em que se desenvolve a sabedoria.

283. Corta pela raiz a floresta inteira dos desejos, e não apenas uma árvore. Assim agindo, ó **bhikkhu,** vencerás as paixões.

284. Enquanto o homem não cortar pela raiz o desejo sexual, sua mente permanecerá cativa como o novilho ao úbere materno.

285. Extirpa o desejo, assim como arrancas o lótus murcho no outono. Esforça-te no Caminho do Nirvana indicado pelo Buda.

286. Aqui habitarei na estação das chuvas, ali estarei no inverno, acolá no verão. Assim raciocina o insensato, sem refletir na impermanência da existência, onde a morte em qualquer momento o espreita.

287. Assim como uma torrente inunda e arrasta a aldeia adormecida, assim a morte arrasta o homem apegado, que se deleita na abundância de filhos e rebanhos.

288. Os filhos, os pais, os parentes e os amigos não são refúgio para aquele de quem a morte se apossou.

289. Bem compreendidas estas coisas, o homem seguro de si, sábio e virtuoso, cedo encontrará o Caminho do Nirvana.

XXI

MISCELÂNEA — **PAKINNAKAVAGGA**

290. Se, ao renunciar uma pequena felicidade, alguém encontra uma felicidade maior, será sábio voltar-se à maior, renunciando à menor.**

---

* Meditação: veja a nota 31, versículo 249.
** Pequena felicidade, ou bem material; felicidade maior, ou bem espiritual.

291. Buscar a felicidade em detrimento alheio é envolver-se nas correntes do ódio, das quais não se libertará.

292. Negligenciar o que deve ser feito e fazer o que pode ser negligenciado é alimentar o orgulho e a desatenção.

293. Estar permanentemente vigilante contra as surpresas dos sentidos, pela meditação da verdadeira natureza do corpo,[43] evitar fazer o mal, estar pronto para fazer o bem é ser sábio, é libertar-se dos desejos e da ilusão.

294. O brâmane que matou mãe (desejos), pai (orgulho), dois reis guerreiros (os dois errôneos pontos de vista: eternalismo e niilismo), devastou todo o reino e seus súditos (mundo subjetivo e objetivo ligado aos órgãos dos sentidos) junto com seu tesoureiro (apego e sensualidade), caminha são e salvo, liberto dos erros do passado.

295. O brâmane que matou mãe, pai, dois reis guerreiros [44] e o melhor dos homens [45], sereno caminha são e salvo, liberto dos erros do passado.

296. Estão sempre despertos e vigilantes os discípulos de Gautama Buda que, constantemente, dia e noite praticam a meditação conhecida como "lembrança das qualidades do Buda".

297. Estão sempre despertos e vigilantes os discípulos de Gautama Buda que, constantemente, dia e noite praticam a meditação conhecida como "lembrança das qualidades do **Dhamma** (Doutrina)."

298. Estão sempre despertos e vigilantes os discípulos de Gautama Buda que, constantemente, dia e noite praticam a meditação conhecida como "lembrança das qualidades da **Sangha** (comunidade dos discípulos)."

299. Estão sempre despertos e vigilantes os discípulos de Gautama Buda que, constantemente, dia e noite praticam a meditação da natureza transitória do corpo (de todas as formas).

---

43. Meditação da verdadeira natureza do corpo: a meditação de plena atenção em relação ao corpo refere-se à reflexão sobre as 32 partes do corpo: cabelos da cabeça, pelos do corpo, unhas, dentes, pele, carne, sinóvia, ossos, medula óssea, rim, coração, baço, intestino, etc.; estas partes são mentalmente e automaticamente visualizadas, revelando a natureza composta e sem atrativos, o que ajuda a libertar a mente dos desejos sensuais em relação ao corpo.
44. "Matar mãe, pai, dois reis guerreiros": significa matar os desejos, o orgulho e os dois errôneos pontos de vista: eternalismo e niilismo.
45. "Melhor dos homens": tendo realizado o **Dhamma** (ensinamentos do Buda), não se apegar nem ao próprio Mestre.

300. Estão sempre despertos e vigilantes os discípulos de Gautama Buda que, constantemente, dia e noite se alegram na não-violência.

301. Estão sempre despertos e vigilantes os discípulos de Gautama Buda que, constantemente, dia e noite se deleitam na prática da meditação.

302. Difícil é renunciar ao mundo (vida monástica). Penoso é viver em família. Difícil é tolerar a vida em comum. Penoso, realmente, é perambular no **samsâra** (nascer e renascer). Não sejas um errante sem objetivo, à procura de sofrimento.

303. Aquele que está confiante na fé [46] e na virtude possui verdadeira reputação e riqueza [47], é respeitado e louvado em toda parte por onde anda.

304. Os homens puros são reconhecidos ao longe como os picos nevosos do Himalaia, mas os perversos estão na escuridão como flechas disparadas à noite.

305. Aquele que escolheu a vida solitária, que é esforçado e dominou seus sentidos vive feliz à margem da floresta dos desejos.

XXII

O INFERNO — **NIRAYAVAGGA**

306. Os que mentem ou, agindo mal, negam o ato, pelas suas ações desprezíveis compartilharão do mesmo destino, o **Niraya**. [48]

307. Embora usando o manto amarelo, se são dissolutos e descontrolados, suas ações os elevam ao **Niraya**.

---

46. A fé — **saddha**: significa, no Budismo, compreensão e confiança adquiridas pela convicção e experiência própria; advém da visão interior; não é uma fé cega, dogmática.
47. Riqueza, aqui, significa quem possui riqueza espiritual; aquele que realiza o **Dhamma** — Doutrina.
48. **Niraya**: o mais infeliz dos estados (planos ou esferas); não é um plano semelhante à "eterna condenação em que os pagãos e renegados são condenados para sempre". A lei budista do carma não fixa a duração da condenação. Um ser renasce no inferno; tendo terminado os efeitos cármicos, pode renascer em outras esferas da existência, mesmo nas mais altas esferas.

308. Melhor seria engolir uma bola de ferro em brasa semelhante a uma chama do inferno, do que ser dissoluto e sem controle vivendo de esmolas do povo. [49]
309. Quatro desventuras ocorrem ao imprudente que cobiça o cônjuge do próximo: infortúnio, sono agitado, má reputação e, por fim, o **Niraya**.
310. Há, portanto, prazer breve e inquieto dos dois cúmplices, punição da lei, aquisição de demérito e renascimento infeliz no futuro. Assim, que ninguém cobice o cônjuge do próximo.
311. Assim como a erva **husâ** fere a mão de quem não a sabe segurar, assim também conduz ao **Niraya** o ascetismo mal praticado.
312. Não há grandes frutos a esperar de um dever cumprido negligentemente, de um voto vacilante, ou de uma castidade hesitante.
313. O que devemos fazer, façamo-lo com decisão e energia; a indolência abre a porta para a paixão. Um insensato peregrino só levanta o pó da estrada, o perigoso pó dos desejos.
314. Melhor é evitar a ação má, pois, uma vez praticada torna-se um tormento. A boa ação jamais atormenta.
315. Guarda-te a ti mesmo sem nenhum momento de negligência, assim como a fortaleza guarnecida por dentro e por fora. Aquele que se deixa levar pela negligência, por um instante que seja, sofre as penas do **Niraya**.
316. Os que se envergonham do que não é vergonhoso, e não se envergonham do que deveriam se envergonhar, abandonam-se às idéias errôneas e entram no caminho do **Niraya**.
317. Ter medo do que não é temível, e não ter medo do que deve ser temido, é abandonar-se às idéias errôneas e entrar no caminho do **Niraya**.
318. Ver o mal onde não há, e não vê-lo onde ele existe, é abandonar-se às idéias errôneas [50] e entrar no caminho do **Niraya**.
319. Os que reconhecem o mal como mal e o bem como bem, esses abraçam corretos pontos de vista [51] e seguem para os planos da beatitude.

---

49. "Viver de esmolas do povo": refere-se a uma das formas que o Mestre acentuava aos monges, sobre a ação de esmolar, que era meritória para ambos: para quem generosamente dá e para quem humildemente recebe.
50. Idéias errôneas: referem-se a toda especulação e doutrinas que levam à compreensão, pensamentos e linguagem erradas, como na crença da eternidade da alma, ou na crença da aniquilação, assim como o modo de vida errado.
51. Corretos pontos de vista: baseiam-se nas Quatro Nobres Verdades, em trilhar o Nobre Caminho Óctuplo.

XXIII

O ELEFANTE — NÃGAVAGGA

320. Tal como o elefante, nas batalhas, suporta a flecha desferida pelo arco, suportarei pacientemente as palavras ferinas dos que não se sabem controlar.

321. O povo conduz pela multidão o elefante domado. O rei monta o elefante treinado, conduzindo-o à batalha. O melhor dos homens é o que se dominou e suporta sereno as injúrias e o mau trato.

322. Excelentes são os mulos amestrados, nobres, os cavalos **sindhu** (puro-sangue hindu) e os elefantes de grandes presas (de combate). Superior a todos, porém, é o homem que dominou a si mesmo.

323. Não é com animais amestrados que chegaremos à região pouco trilhada (Nirvana) alcançada pelo homem que sabiamente dominou a si mesmo.

324. Difícil governar é o elefante de grandes presas chamado **Dhamapâlaka**, na época do cio, que, quando cativo, recusa o alimento, lembrando-se ansiosamente da vida livre na floresta.

325. Aquele que é preguiçoso, sonolento, glutão, que permanece preso no ilusório dos sentidos, assemelha-se a um porco doméstico que se alimenta preso num chiqueiro: conhecerá muitos nascimentos e mortes.

326. Outrora, minha mente vagava errante onde os prazeres e os desejos a levavam. Hoje, atento, a dominarei completamente, como o condutor domina o elefante com a sua **ankusa** (espécie de espeto).

327. Procura alegria na plena atenção, sê vigilante, vela sobre tua mente. Livra-te do lodaçal do mal, como o elefante safa-se do pântano.

328. Na jornada da vida, se encontrares um companheiro prudente, sóbrio, sábio e bem controlado, sobrepuja todos os obstáculos e caminha ao seu lado, alegre e bem atento.

329. Se, na jornada da vida, não encontrares companheiro prudente, sóbrio, sábio e bem controlado, caminha sozinho como um rei vencido abandonando o seu reino, ou como o elefante solitário na floresta.

330. No caminho da vida mais vale viver só do que ter por companheiro um insensato. Sozinho, segue o teu caminho com poucos desejos e sem a ninguém prejudicar, assim como o elefante solitário através da selva.

331. Feliz é aquele que encontra um amigo certo na necessidade. Feliz é aquele que está satisfeito com o que possui e com tudo o que acontece. Feliz é aquele que, no fim da vida, tem consciência de ter agido bem. Feliz é aquele que deixou para trás todo sofrimento.

332. Neste mundo, felicidade é poder servir à mãe, servir ao pai, servir a um monge e servir a um santo brâmane.

333. Felicidade é praticar a virtude no decurso da vida, abstendo-se de todo mal. Felicidade é ter uma fé pura e sólida e alcançar a Sabedoria (Correta Compreensão).

XXIV

O DESEJO

334. Em quem negligencia a vigilância, o desejo cresce como a planta trepadeira **mâluvâ**[52]; pula de existência em existência, como o macaco, na floresta, de uma árvore para outra à procura de frutos que o satisfaçam.

335. Quem, neste mundo, é dominado pela sede de desejos vê seus males crescerem como a relva **birana** após a chuva.

336. Mas quem, neste mundo, domina seus desejos tão difíceis de vencer vê seus males caírem, como uma gota de água desliza da folha do lótus.

337. A todos vós aqui reunidos, para bem de todos dou este conselho salutar: extirpai de vós o desejo, como se arranca a forte raiz do **birana**. Não vos deixeis encurvar diante de **Mara** (tentação) como o junco pela correnteza do rio.

338. Tal como uma árvore podada, porém com raízes sãs e firmes, volta a brotar, assim volta ainda, e sempre, o sofrimento, até que o desejo adormecido não seja totalmente desenraizado.

---

52. **Mâluvâ**: planta parasita que destrói seu próprio suporte. Assim o desejo, crescendo na mente, enfraquece, corrompe, desonra e destrói o indivíduo.

339. Incapaz de resistir com determinação às trinta e seis torrentes dos desejos,[53] o homem desatento (mal-orientado) é arrebatado pela correnteza ilusória das paixões.

340. De todas as partes correm estas correntezas e a trepadeira dos desejos se agarra e se desenvolve. Ao vê-la crescer, sejamos atentos para desenraizá-la pelo poder da sabedoria.

341. Deixando a mente entregue às delícias dos prazeres alimentados pelos desejos, o homem se escraviza ao ciclo dos renascimentos.

342. Acossado pelo desejo, o homem salta e corre de um lado para outro como lebre perseguida. Dominado pelo desejo, por longo tempo sofrerá o ciclo dos renascimentos.

343. Acossados pelo desejo, os homens saltam e correm para aqui e para ali, tal como a lebre perseguida. Rejeita, portanto, o desejo, o discípulo, se aspiras a te libertar.

344. Àquele que, liberto da selva dos desejos, nela recai, olha-o como escravo livre voltando para o cativeiro.

345. Aos olhos do sábio, mais forte que as cadeias de ferro, madeira ou corda é o desejo ardente de ouro, jóias e o apego aos filhos e esposas.

346. Estes são os fortes grilhões, diz o sábio, que paralisam os homens, que deles custam a se libertar. Entretanto, alguns conseguem e abraçam a vida solitária, renunciando ao mundo, deixando para trás a ilusão dos prazeres sensuais.

347. Os que são obcecados pelos desejos seguem um caminho por eles mesmos criados (**samsâra**), como a aranha a sua própria teia. Mas os sábios, que querem alcançar a outra margem, renunciam ao mundo dos desejos e entregam-se à vida solitária, deixando para trás o sofrimento.

348. Liberta-te do passado, liberta-te do futuro, liberta-te do presente. Dirige-te à outra margem da existência com a mente liberta de tudo; não estarás mais sujeito ao nascimento, à velhice e à morte.

---

53. Trinta e seis torrentes do desejo — **chattimsati sotâ**: as três formas do desejo: 1) desejo dos prazeres dos sentidos — **kama tahâ**; 2) desejo de autopreservação — **rupa tanhâ** —, baseada na crença de uma existência eterna, ou de existir e vir-a-ser; 3) desejo de não-existência — **arupa tanhâ** —, ou de auto-ani..ilação; associadas às doze bases que são os seis órgãos internos dos sentidos (visão, audição, olfação, gustação, tato e mente) e as seis bases externas dos sentidos (formas ou cores, sons, odores, objetos tangíveis, idéias e pensamentos).

349. Perturbado por maus pensamentos e escravo das paixões, o homem que só procura prazeres vê seus desejos crescerem cada vez mais. Ele mesmo reforça seus grilhões.

350. Quem se compraz em subjugar os maus pensamentos, medita e está plenamente atento, libertando-se do desejo romperá os grilhões de **Mâra**.

351. Chegando ao fim da jornada, isento de temor, de desejo e de paixões, aquele que arrancou os espinhos da existência, este é seu último corpo mortal.

352. Isento de desejos, livre de apegos, hábil em interpretar o verdadeiro significado [54] dos Ensinamentos e conhecendo na seqüência correta o arranjo dos textos sagrados, este é seu último corpo mortal. Ele só, verdadeiramente, é Aquele com Visão Profunda, o Grande Homem.

353. Tudo conquistei, a tudo renunciei, livre, pela extinção do desejo, tendo eu mesmo tudo penetrado; a quem, pois, poderia chamar meu mestre? [55] Como poderia transmitir esta experiência vivida?

354. Sobre todas as dádivas excede a dádiva da Verdade (Doutrina); sobre todos os aromas, excede o aroma da Verdade; sobre todos os encantos, excede o encanto da Verdade; a libertação dos desejos vence o sofrimento.

355. As riquezas destróem o insensato que não procura o que está além. Pelo desejo de riquezas ele destrói a si próprio, como aos outros.

356. A erva daninha é a ruína dos campos; a luxúria é a erva daninha da Humanidade. Abundantes frutos são a conseqüência, para quem se liberta da luxúria.

357. A erva daninha é a ruína dos campos; o ódio é a erva daninha da Humanidade. Abundantes frutos [56] são a conseqüência, para quem se liberta do ódio.

---

54. Significação — **niruti**: refere-se às quatro maneiras do conhecimento analítico: pelo ouvir o instrutor, ou leitura; 2) pelo conhecimento do significado do texto; 3) pelo conhecimento da linguagem; 4) pelo conhecimento intuitivo.

55. Mestre: refere-se à resposta do Buda, dada à Upaka, que lhe perguntara o nome do seu mestre: "A Realização da Suprema Iluminação é a única Realização". A Realização de Sidarta Gautama, sem a ajuda de ninguém, transformou-o no Buda, o Supremo Mestre, pela sua própria inteligência, intuição e visão intuitiva.

56. Abundantes frutos — **Mahaphalam**: assim como um campo sem praga dá o máximo de rendimento, o homem, livre da cobiça e da ignorância, é um incomparável campo de méritos e qualquer coisa que lhe é dada rende o máximo de resultados.

358. A erva daninha é a ruína dos campos; a ilusão é e a erva daninha da Humanidade. Abundantes frutos são a conseqüência, para quem se liberta da ilusão.

359. A erva daninha é a ruína dos campos; a cobiça é a erva daninha da Humanidade. Abundantes frutos são a conseqüência da libertação do desejo.

XXV

O MONGE — BHIKKHUVAGGA

360. Benéfico é controlar a vista; benéfico é controlar o ouvido (audição); benéfico é controlar a língua (paladar).

361. Benéfico é o controle do corpo (ação); benéfico é o contro.e da palavra; benéfico é o controle do pensamento; benéfico é o controle de toda parte. O monge controlado liberta-se do sofrimento.

362. O homem que vigia os gestos, o andar, a linguagem, sereno, que tem controle em todas as coisas, que se compraz no recolhimento interior, solitário e satisfeito, este homem, eu o chamo um **bhikkhu**.

363-364. O **bhikkhu**, senhor de sua linguagem, comedido em seus propósitos, humilde, que observa o **Dharma** (Doutrina, Verdade), alegrando-se no **Dharma**, meditando sobre o **Dharma**, expondo o **Dharma**, assim agindo, o **bhikkhu** estará sempre firmemente fundado na sublime Doutrina.

365. Não deve o **bhikkhu** desdenhar os próprios progressos no Caminho, nem tampouco invejar o progresso dos outros. O **bhikkhu** invejoso não atinge o **samâdhi** (profunda concentração).

366. Se, apesar de constante esforço, o progresso conseguido ainda não for grande, sendo tua vida pura na obtenção da subsistência, até pelos seres divinos serias louvado.

367. Aquele para quem corpo e mente — **nâmârupa** (objetivo e subjetivo) — não são reais, tendo já superado a ilusão de posse, nada achando que possa dizer "isto é meu, isto sou eu", na verdade, pode ser chamado um **bhikkhu**.

---

* Veja a nota 31, versículo 249.

368. O **bhikkhu** compassivo, profundamente devoto aos ensinamentos do Buda, realiza a Paz no Nirvana, a Bem-Aventurada cessação da existência composta * — término de todo sofrimento.

369. Descarrega tua barca [57], ó **bhikkhu**. Vazia, ela navegará ligeira. Desembaraçada da luxúria e do ódio, alcançarás a fronteira do Nirvana.

370. Elimina, ó discípulo, estes cinco obstáculos: 1) crença na personalidade de um eu separado; 2) dúvida cética e discursiva; 3) crenças na eficácia dos rituais; 4) prazeres sensuais; 5) ódio. Abandona mais estes cinco: 6) anseio pela paz espiritual (mundo das formas); 7) anseio por uma existência imaterial (mundo psíquico-sutil); 8) orgulho espiritual; 9) inquietude; 10) ignorância. Mas cultiva estes cinco poderes: fé (confiança); energia; plena atenção; concentração e sabedoria. Assim liberto, ó **bhikkhu**, serás um **Oghatino** ** (quem atravessou a corrente).

371. Medita, / **bhikkhu**, não sê negligente! Não deixes a mente te envolver nos desejos sensuais. Isto equivaleria, por descuido, a engolires uma bola de ferro em brasa gritando: "Oh! que dor!"

372. Sem sabedoria, não há meditação e, sem meditação, não há sabedoria. Quem reúne meditação e sabedoria, este, sim, está próximo do Nirvana.

373. O **bhikkhu** que desmobiliou a casa [58] (que se libertou dos apegos e aversões) e tranqüilizou a mente experimenta uma alegria que transcende todas as alegrias humanas na clara visão do **Dharma** (Verdade).

374. Ao refletir com sabedoria como os cinco agregados da existência *** surgem e desaparecem, o **bhikkhu**, ao discernir o Nirvana imortal, goza da alegria e felicidade próprias aos iluminados.

---

* Existência composta são os doze **Nidanas**. Veja a nota 66, versículo 419.
** **Oghatino**: Quem atravessou a corrente. Veja a nota 14, versículo 45.
57. Barca: alusão ao homem repleto de desejos, apegos e ignorância, que detêm o progresso no atravessar a correnteza.
*** Os cinco agregados da existência. Veja a nota 26, versículo 202.
58. Na realização espiritual, na busca da senda, na possibilidade da verdadeira Iluminação existe a verdadeira felicidade, e a mente, desapegando-se das coisas materiais, das coisas do mundo, vai aos poucos achando alegria, satisfação e felicidade na senda; esta dá Energia para que se possa prosseguir, de uma maneira incansável, até o coroamento de todo o esforço dispendido.

375. Vigiar os sentidos, contentar-se com o pouco que seja, observar a Doutrina, escolher por amigos aqueles que são nobres, enérgicos e de vida pura, esta é a verdadeira base da vida santa de um sábio **bhikkhu**.

376. Se tua conduta, ó **bhikkhu**, for cordial, caridosa e pura, na plenitude da alegria, terás posto termo ao sofrimento.

377. Tal como a trepadeira do jasmim desprende-se de suas flores murchas, assim ó **bhikkhu**, despoja-te completamente da luxúria e do ódio.

378. O **bhikkhu** que é tranqüilo nas ações, tranqüilo na linguagem, tranqüilo nos pensamentos, que é realmente tranqüilo e abandonou os desejos do mundo — ele, em verdade, pode ser chamado Sereno.

379. Observa o teu ego e censura o teu ego, ó **bhikkhu**; com o escudo de tua autoproteção e com a mente sempre vigilante, prosseguirás teu caminho até a felicidade suprema.

380. O ego é o senhor do eu, o ego é teu próprio refúgio; sabei, portanto, conduzir-vos como o mercador controla o seu nobre corcel.

381. Na plenitude de intensa alegria e confiança nos ensinamentos do Buda, o **bhikkhu** realizará a Paz Infinita, a bem-aventurada cessação da existência composta.

382. Até um jovem monge consagrado aos ensinamentos do Buda ilumina este mundo como a lua ao emergir das nuvens.

XXVI

O BRÂMANE — BRÂHMANAVAGGA

383. Luta com energia, ó **brâmane**.[59] Corta a correnteza (dos desejos), deixa para trás os desejos sensuais. Chegando à destruição de todos os constituintes da existência composta, ó brâmane, conhecerás o Incriado (Nirvana).

---

59. Brâmane: na terminologia budista é um homem que leva a vida pura e ascética, sem pecados (com os sentidos controlados); às vezes empregado como sinônimo de **Arahant**, ou Buda.

384. Quando o brâmane alcança o cume dos dois caminhos* (concentração e visão interior), todos os grilhões caem por terra e, então, conhece a Realidade.

385. Aquele para quem não existe esta margem** (bases internas dos sentidos), nem outra margem (bases externas dos sentidos), nem ambas (o eu e o meu), que está além do temor e sem grilhões, chamo-lhe eu um brâmane.

386. Aquele que é meditativo e sem mácula, que se aquietou, fez o que devia fazer, está livre das corrupções e atingiu a mais alta realização, chamo-lhe um brâmane.

387. Brilha o sol durante o dia; à noite brilha a lua; brilha o guerreiro na sua armadura, brilha o brâmane na meditação; mas, dia e noite, o Buda sempre brilha, resplandecendo tudo.

388. É brâmane o homem que corajosamente baniu o mal; **sâmana** (recluso) o que é sereno em sua conduta; e monge o que de suas impurezas se purgou.

389. Que não se use de violência para com o brâmane; que o brâmane não use de represália; vergonhoso é agredir um brâmane, vergonhoso o brâmane que reage.

390. O maior bem para o brâmane é o domínio da mente sobre os prazeres da vida. Toda vez que o desejo é contornado, o sofrimento é aplacado.

391. Aquele que não fere em atos, palavras e pensamentos, que se controla neste Tríplice Caminho [60], chamo-lhe um brâmane.

392. A quem vos faça conhecer o **Dhamma** (Doutrina) tal como o divulgou o Supremo Iluminado, rendei-lhe homenagem e veneração, como o brâmane reverencia o fogo do sacrifício.

---

* O cume dos dois caminhos: refere-se ao cultivo da meditação budista, sintetizada na nota explicativa do versículo 249.

** Bases internas e externas dos sentidos: veja nota 52, versículo 339.

60. O Tríplice Caminho: compreende as três partes do Caminho Óctuplo, a saber:

   I — Moralidade — **Sila**: 1) palavra correta; 2) ação correta; 3) meio de vida correto.

   II — Disciplina Mental, Meditação — **Samâdhi**: 4) esforço correto (mental); 5) plena atenção correta; 6) concentração correta.

   III — Introspecção — Sabedoria — **Pannâ**: 7) pensamento correto; 8) correta compreensão.

393. Não são os cabelos trançados, a linhagem ou o nascimento que fazem de um homem um brâmane. Mas naquele onde a Verdade e a Virtude existem,[61] este, sim, é um puro, é um brâmane.

394. Para que te servem os cabelos trançados e o manto de pele de antílope com que te abrigas, ó insensato, se ocultas uma selva de paixões no coração e teu aspecto é só aparência! [62]

395. Aquele que humildemente usa um manto **pamsukula** (retalhos amarelos de roupa usada), emagrecido, de veias visíveis e salientes recobrindo o corpo e que medita solitário na floresta, a este chamo-lhe brâmane.

396. Não chamo brâmane o que, de origem, é de casta bramânica, [63] ou nascido de mãe bramânica, que é orgulhoso e arrogante. Aquele que é puro e a nada se apega, a este chamo-lhe brâmane.

397. Aquele que, tendo quebrado todos os seus vínculos, nada mais teme, desapegado e liberto de tudo, a este chamo-lhe brâmane.

398. Quem se livrou da correia do ódio, da venda do desejo, da corda do ceticismo, juntamente com o complemento das tendências más latentes, e que levantou a tranca dos obstáculos da ignorância, que é iluminado — chamo-lhe eu um brâmane.

399. Aquele que, inocente, sem ressentimento sofre injúrias, violências e castigos, cujo poder é realmente a paciência — chamo-lhe eu um brâmane.

400. Aquele que, isento de cólera, confiante aos seus votos, é virtuoso e sem desejos, que é controlado e suporta seu último corpo — chamo-lhe eu um brâmane.

401. O que aos prazeres sensuais não mais se apega do que a folha de lótus à gota d'água, ou que à ponta da agulha o grão de mostarda — chamo-lhe eu um brâmane.

402. Ao que, nesta vida, realizou o termo de seus sofrimentos e se libertou do seu fardo (cármico), estando completamente liberto, chamo-lhe eu um brâmane.

403. Aquele cujo conhecimento é profundo, que é sábio, perito em discernir o verdadeiro do falso caminho, que realizou o mais alto grau da Iluminação — chamo-lhe eu um brâmane.

---

61. Aquele que realizou as Quatro Nobres Verdades.
62. Aparência: refere-se a cerimônias externas, rituais e observâncias, fazendo alusão à necessidade da introspecção, ou purificação mental, e não de efeitos externos.
63. A casta bramânica era considerada a classe mais alta, divinamente privilegiada, independentemente de méritos.

404. Aquele que se mantém afastado dos leigos e dos pseudomonges, segue solitário, sem moradia, tendo poucas necessidades — chamo-lhe eu um brâmane.

405. Quem a nenhum ser vivo fraco ou forte prejudica, que não destrói, nem concorre para destruir vidas — chamo-lhe eu um brâmane.

406. Tolerante entre os intolerantes, sereno entre os violentos, desapegado entre os interesseiros — chamo-lhe eu um brâmane.

407. Aquele que da sensualidade, do ódio, do orgulho e da hipocrisia se desprendeu, como da ponta da agulha o grão de mostarda — chamo-lhe eu um brâmane.

408. O homem sereno que sem evocações profere palavras instrutivas e verdadeiras — chamo-lhe eu um brâmane.

409. Aquele que não se apodera de coisa alguma que não lhe seja dada, longa ou curta, pequena ou grande, boa ou má — chamo-lhe eu um brâmane.

410. Aquele que não aspira mais a desejos neste mundo nem no outro, livre do desejo, Emancipado — chamo-lhe eu um brâmane.

411. Aquele que a mais nada se apega, através do Perfeito Conhecimento, que está liberto das dúvidas (livre do "porquê") e realizou a Imortalidade (Nirvana) — chamo-lhe eu um brâmane.

412. Aquele que neste mundo transcendeu os entraves do bem e do mal (condicionamentos), liberto do sofrimento, imaculado e puro — chamo-lhe eu um brâmane.

413. Aquele que, como a lua, é imaculado e puro, claro e sereno, que destruiu os grilhões dos desejos que nos prendem à existência contínua [64] — chamo-lhe eu um brâmane.

414. Aquele que atravessou esta lamacenta, perigosa e ilusória roda da existência continuada (**samsâra**), que alcançou a outra margem, que é meditativo, calmo e livre das dúvidas e dos apegos, que realizou o Nirvana, chamo-lhe eu um brâmane.

---

64. Desejos que nos prendem à existência continuada (**Bhava-nandi**). **Bhava** significa a tríplice esfera da existência: a sensualidade, a esfera do mundo das formas — **Rupabrahmas** — e a esfera do mundo sem formas — **Arupabrahmas**; **Nandi** significa o apego a deliciar-se nessas esferas.

415. Este, que abandonou os prazeres deste mundo e renunciou à vida familiar, tornando-se um solitário sem morada, que destruiu os desejos sensuais e de existência continuada — chamo-lhe eu um brâmane.

416. Este, que abandonou os prazeres do mundo e renunciou à vida familiar, tornando-se um solitário sem morada, que destruiu os desejos e extinguiu a sede de vir-a-ser — chamo-lhe eu um brâmane.

417. Aquele que se libertou do vínculo terrestre e afastou o laço celestial, que está realmente liberto de todos os jugos — chamo-lhe eu um brâmane.

418. Aquele que extinguiu o prazer e a dor, que, sereno, desfez-se das causas dos renascimentos [65] e conquistou todos os mundos [66], este herói, chamo-lhe eu um brâmane.

419. Aquele que realizou o perfeito conhecimento do processo do desaparecer e surgir [67] de todos os seres, de tudo desapegado e chegou ao fim da jornada, iluminado — chamo-lhe eu um brâmane.

420. Aquele cujo rastro é desconhecido dos deuses, anjos e mortais, que está livre de todas as imperfeições e tornou-se um **Arahant** — chamo-lhe eu um brâmane.

421. Aquele que a nada se apega do passado, presente e futuro, nada possuindo nem querendo possuir — chamo-lhe eu um brâmane.

---

65. Causas dos renascimentos: os cinco **skandhas**, agregados que constituem o ser: matéria, sensações, percepções, formações e consciência; nas dez imperfeições ou impurezas da mente, que têm atividades cármicas: agindo pelo corpo — matar, roubar e fazer mau uso dos prazeres sensuais; agindo pela palavra — mentir, dizer palavras vãs, dizer palavras pesadas e difamar; agindo pelo pensamento — luxúria, ódio e dúvida cética ou discursiva.

66. Conquistar todos os mundos: os cinco agregados (**skandhas**) constituem o mundo no verdadeiro sentido, subjetivamente e objetivamente. Aquele que cortou o curso dos renascimentos e que, portanto, parou a continuidade dos cinco **skandhas** é um verdadeiro vitorioso do mundo.

67. O processo do surgir, desaparecer e ressurgir, ou bases do vir-a-ser — **upadhi** —, é formulado na Lei da Originação Interdependente, ou Roda da Vida; consta de 12 **Nidanas**:
    1. Por causa da ignorância, há individualidade, ilusão do eu.
    2. Através da individualidade estão condicionadas as ações volitivas, ou formações cármicas.

422. O Nobre por excelência, o Herói, o Sábio Onipotente, o Vitorioso, o Impassível, o Puro, o Iluminado [68] — chamo-lhe eu um brâmane.

423. Aquele que conhece suas vidas passadas, que conhece as alegrias celestiais e as tristezas do inferno, que chegou ao término dos nascimentos, o sábio que, pela perfeição da Visão Interior, realizou a Suprema Realização — chamo-lhe eu um brâmane.

---

3. Através das ações volitivas (cármicas), surge a consciência, ou conhecimento.
4. Por causa da consciência, há nome e forma separados.
5. Por causa do nome e forma separados, há os seis sentidos.
6. Por causa dos seis sentidos, há o contato.
7. Por causa do contato, há sensação.
8. Por causa da sensação, há desejos.
9. Por causa dos desejos, há apego.
10. Por causa do apego, há existência individual.
11. Por causa da existência individual, há existência terrena.
12. Por causa da existência terrena, há decadência e morte.

68. Descrição de um Buda e seus títulos.

BIBLIOGRAFIA CONSULTADA:

O Dhammapada (A Senda da Verdade). Prof. Mário Lobo Leal. Coleção "Vidya", Edição da Organização Simões. Rio de Janeiro, 1955.

Dhammapada. A pratical guide to right living text and translation by venerable Acharya Buddharakkhita Thera. Buddha Vacana Trust. Maha Boddhi Society. Bangalore 9, 1966.

The Dhammapada — The Path of Perfection. Juan Mascaro. Penguin Classics, Penguin Books Ltda., Middlesex, Inglaterra, 1973.

L'Enseignement du Bouddha. Walpola Rahula. Édition du Seuil, Paris, 1961, pp. 174-189.

Ilusão, Desejo e Nirvana. Ciflovedo. Editora Leia, São Paulo, 1952.

A Sabedoria das Grandes Religiões. Joseph Gaer. Tradução de Joaquim Gervásio de Figueiredo. Editora Cultrix, São Paulo, pp. 18-38.

A Sabedoria da China e da Índia. Lin Yutang. Irmãos Pongetti Editores, Rio de Janeiro, 1959, vol. I, pp. 354-389.

Pali-English Dictionary, The Pali Text Society. Editada por T. W. Rhys Davids e W. Stede. Londres, 1966.

ATTHAKA

O LIVRO DAS OITAVAS

Esta versão é uma das mais antigas que se conhece dos ensinamentos do Buda; é encontrada no **Sutta Nipatha** da antologia canônica em páli; é assim denominada por ter sido escrita em 16 seções de 8 estrofes. O conteúdo do livro das oitavas contrapõe-se em muito ao que se encontra em outros volumes da literatura canônica budista. A sua extrema antigüidade é atestada, além de outras provas, pelo fato de ser ele mencionado em outras partes do cânone páli. O **Atthaka** é, em realidade, tão antigo, que, desde as mais remotas épocas, já se tinha descoberto no próprio cânone um comentário a seu respeito, o **Maha Nidessa**. As incongruências e as contradições verificadas entre os diversos ensinamentos budistas, quando se comparam outros textos em páli com o **Atthaka**, só podem ser explicadas admitindo-se que os demais livros tenham surgido em época posterior a este. Segundo a tradição budista, admite-se que, durante aproximadamente 450 anos após a morte de Buda, os seus ensinamentos se tenham transmitido oralmente e que só há pouco mais de 2.000 anos surgiram em linguagem escrita no Ceilão. A língua em que os ensinamentos se conservaram no sul da Ásia, o páli, já é língua morta há muitos séculos.

A tradução de uma língua morta só pode ser feita por um de dois métodos, a saber:

1.°) ou literal, isto é, tradução de palavra por palavra; nesse caso, o resultado é tão obscuro e morto quanto o original;

2.°) ou o tradutor mantém cuidadosamente o espírito do original, expressando-o, contudo, em linguagem moderna (forma coloquial). No presente trabalho procurei empregar este 2.° método.

Bhikkhu Y. Sri Nyana [*]

1.° SERMÃO SOBRE O DESEJO — **KAMA SUTTA**

Feliz é aquele que consegue satisfazer os desejos do seu coração! Mas quando não se consegue satisfazer os próprios desejos egoístas, o que se experimenta é a dor, como quando se é ferido por uma flecha.

---

[*] **Bhikkhu** Y. Sri Nyana, **Samarasinharanaya**, Talijjawila, Ceilão, 1952. Traduzido para o português pelo Prof. Herbert Wilkes e Dr. Gil Fortes.

Aquele que se acautela contra os prazeres dos sentidos, assim como o faria para não pisar numa cobra, como fruto mesmo da permanente vigilância, evita o perigo dos desejos que possam ter conseqüências infelizes.

Quem está sempre dominado pelos ardentes desejos de posse, terrenos, fazendas, ouro, gado, criados, mulheres, parentes, etc., será finalmente derrotado pelos problemas e soçobrará, assim como o barco fendido quando invadido pelas águas.

Permanecei vós, portanto, sempre em vigilância, evitando os prazeres dos sentidos e libertando-vos do desejo.

Aliviando, pois, o barco de toda carga inútil, atravessai, então, a correnteza e atingi com segurança a outra margem (Nirvana).

2.º A CAVERNA — **GUHATTHAKA SUTTA**

O homem cuja vida está presa à caverna que chamamos corpo, obscurecida pela ilusão e cheia de melancolia do desejo não satisfeito, não é, nem pode ser feliz. E como é difícil ao homem renunciar aos prazeres do mundo!

Os que tentam reviver prazeres passados, ou antegozar prazeres futuros, são filhos do desejo e escravos do prazer.

Pessoas assim são difíceis de serem ajudadas, pois ninguém pode ser libertado por outrem. Só o próprio indivíduo pode a si mesmo salvar.

Os que cegamente buscam o prazer, além de se degradarem, tornam-se egoístas, até que a desgraça ao bater-lhes à porta os faça lamentar: "que será de nós?", "qual será nosso destino no 'outro mundo' "?

A vida é curta, diz o sábio, aprendei, portanto, vossa lição agora; ao reconhecerdes que a baixeza é algo mal, algo vil, abjurai logo as baixezas!

Observai os homens deste mundo, como tremem, pobres coitados, têm tanta ânsia de viver e como se acovardam diante da morte!

Vêde como lutam eles por suas tolas ambições; parecem-se bastante aos peixes de um rio cujas águas rapidamente se vão secando. Ao ver isto, vivei cada qual a sua vida sem egoísmo e deixai, ao mesmo tempo, de se preocupar com a vida futura!

Vencendo tanto os desejos do presente, quanto os do futuro, e tendo aprendido a viver sem desejar, o sábio é alguém incapaz de qualquer vilania e vive imperturbável frente a tudo o que vê e a tudo o que ouve.

Não se deixando perturbar pelo desejo, nem pelo apego, vai o sábio em sua tranqüilidade vencendo galhardamente a corrente.

Por já ter extraído de si mesmo as flechas das paixões, mostra-se imperturbável a este mundo e também ao outro.

3.º "CONVERSAS CORRUPTORAS" — DUTTHATTHAKA SUTTA

Os maus costumam propagar histórias maliciosas e os bem-intencionados costumam censurar; já o sábio, em sua tranqüilidade, permanece alheio a esses costumes, mantendo-se em equanimidade. Em parte alguma, se há de encontrar um sábio desconcertado.

A pessoa irresponsável, que não refreia a sua língua, vai repetindo por aí o que todos dizem, pois ela é produto das convenções.

O indivíduo que, sem qualquer comedimento, vangloria suas próprias virtudes e conquistas não passa de tolo fanfarrão.

Mas o que é calmo e disciplinado e se abstém do auto-elogio é considerado nobre, pois que nunca fala de si mesmo.

É inútil pedir conselho ao homem de preconceitos, àquele que possui idéias rígidas e que vive a disputar.

Difícil é, por certo, mudar alguém suas próprias opiniões, porém convém que o homem experimente livremente todos os sistemas filosóficos, adotando-os ou rejeitando-os conforme ache melhor.

O sábio, porém, já não mais se interessa por este ou aquele sistema de filosofia. Não se envaidecendo, nem se deixando enganar, segue ele livremente seu caminho.

O homem que sustenta determinada opinião está naturalmente identificado com ela e apegado às opiniões que outros tenham dela. Mas com que se há de identificar aquele que já não mais adota opiniões, nem as rejeita?

4.º A PUREZA — SUTHATTHAKA SUTTA

"Vejo um homem puro e perfeito, sua pureza é, sem dúvida, fruto das idéias filosóficas que possui". Quem assim raciocina pensa que essas idéias representam o que há de melhor e acredita que se possa inferir o conhecimento pelas qualidades manifestadas pelos que o possuem.

Se alguém pudesse tornar-se puro simplesmente mudando de conceitos, e se pudesse libertar-se da tristeza e da aflição apenas pelo conhecimento, isto significaria, então, que alguma outra coisa, além da Nobre Senda de Buda, teria o poder de purificar o homem e pôr termo ao seu infortúnio. Não é isto, porém, o que os próprios conceitos estão a demonstrar.

Nenhum brâmane autêntico acredita que possa ser purificado por outra pessoa, mostrando-se, por isso mesmo, indiferente ao que vê e ao que ouve, à virtude convencional, às vitórias pessoais, indiferente ainda aos dogmas pessoais e a tudo, enfim, que se convencionou chamar bom e mau. Ele se mostra igualmente livre tanto da ambição de vitórias, quanto da vitória já alcançada.

O homem, diante de uma coisa, logo em seguida se apega a outra, mas, a despeito das numerosas mudanças que realize, não consegue encontrar paz. Ele não é melhor que um macaco que vive a saltar de galho em galho.

São os sentidos que levam o homem a escravizar-se a uma organização. O sábio, porém, independendo dos sentidos, por já conhecer os ensinamentos — **dhama** —, nunca mais há de se tornar escravo de organização alguma.

Quando o homem já não mais depende do que vê e do que ouve e passa a confiar integral e exclusivamente em sua intuição, suas novas opiniões já não mais se modificarão; nada o impelirá a mudar.

Ele não estabelece leis, nem faz regras, como também não se apresenta como modelo de algum ideal, pois é completamente desapegado de tudo.

Ele não se apega mais a coisa alguma do mundo.

O brâmane liberto já transcendeu as paixões e não se deixa mais afetar por elas. Para ele, não há mais norma, nem lei, nem coisa alguma existe que ele possa chamar de norma, e nada ainda que possa chamar lei.

5.º O MELHOR — **PARAMATTHAKA SUTTA**

A pessoa que tem preconceitos favoráveis a determinado sistema filosófico os tem também contrários a outros sistemas. Uma pessoa assim disputa, e não consegue vencer o motivo da disputa.

Ela se apega a tudo o que parece "bom", que soe "bem". Ela se apega às ações que em particular lhe pareçam boas, a tudo, enfim, quanto pense ser bom e, ao fazê-lo, rotula as demais coisas de más.

Todos os que possuem experiência nesse campo concordam em que o homem que rotula uma coisa deverá tornar-se, por isso mesmo, incapaz de vê-la como naturalmente é. É por este motivo que o indivíduo disciplinado não deve dar colorido ao que vê, nem ao que ouve, devendo limitar-se à contemplação do fato em si. Também não deve basear a sua fé na virtude, nem nas vitórias que alcance, ou na tradição.

Ele não se deve fundamentar num sistema organizado de filosofia, como também deve mostrar-se favorável a qualquer deles, quer por suas palavras, quer por suas ações. Não se considera "melhor", nem "pior" do que os outros e nem mesmo "igual".

Livre de preconceitos e de simpatias e sem se deixar influenciar por convenções, o indivíduo disciplinado não pertence a qualquer religião formal, nem a qualquer seita. Ele não se escraviza a regras preestabelecidas, quaisquer que elas sejam.

Para ele não mais se faz necessário qualquer esforço no sentido de se transformar nisto, ou naquilo, tanto nese mundo, quanto no próximo. Além disso, deixa de estudar as diversas filosofias por não mais carecer do consolo que elas possam oferecer.

Com relação às coisas que vê e que ouve, mantém-se inatingível pelo preconceito; um brâmane como esse nunca se deixará levar, nunca se deixará iludir.

Nada há que aceite, nada há que prefira e não se prende a nenhuma filosofia em particular. Não é por suas virtudes, ou por seus feitos gloriosos que o verdadeiro brâmane há de atingir a outra margem, para de lá nunca mais voltar.

6.º BREVIDADE DA VIDA — **JARA SUTTA**

Como é curta, em realidade, esta vida! Mesmo que alguém consiga sobreviver mais de 100 anos, pouco depois sucumbirá fatalmente à velhice.

Toda posse acarreta preocupações, as riquezas logo se perdem e a felicidade cedo se esvai. Preferi, pois, o recolhimento interior.

A morte separa o homem de tudo aquilo a que chama "seu". A sabedoria do discípulo está em não ter posses.

Da mesma maneira que, ao acordarmos, se desvanecem os rostos que haviam povoado nossos sonhos, de igual forma os nossos entes queridos que a morte ceifou nunca mais serão vistos.

Vemos e ouvimos os amigos cujos nomes conhecemos, mas quando a morte os ceifa, destes o que nos resta são apenas os nomes.

Devido a sua ambição e egoísmo, o homem faz de sua vida um verdadeiro naufrágio. Cheia de paz e de tranqüilidade é a vida do sábio, pois não conhece egoísmo, nem cobiça.

Dizem que para o ser disciplinado, que vive no recolhimento e na contemplação, melhor seria não continuar a existir (após a morte).

Por ser independente e tranqüilo, o sábio não faz amigos nem inimigos. Nele, os apegos e contrariedades não encontram maior guarida do que a chuva numa folha.

Tal como a água não adere ao lótus, assim também o sábio, em sua tranqüilidade, não se apega aos sentidos.

Por já se haver libertado, o sábio é indiferente aos sentidos e nenhuma necessidade tem de buscar coisa alguma; livre das paixões, está ele além do prazer e do desprazer.

7.º SERMÃO DE BUDA — A TISSAMETTEIYA SOBRE A LUXÚRIA — TISSAMETTEIYA SUTTA

Tissametteiya: — Senhor, que tens para nos ensinar sobre a luxúria, para que possamos levar conosco tuas palavras até mesmo aos mais seguros confins das florestas?

Buda: — O homem lascivo é ignóbil, meu caro Metteiya — falou o Bhagavat —, e todo aquele que negligencia meu preceito é insensato.

Aquele que, já tendo vivido no recolhimento, passa agora a ceder à luxúria, é chamado pelos outros de vulgar e por eles comparado a um carro desgovernado.

Um homem assim perde todo o respeito de que, até então, se havia feito merecedor. Ao verdes isto, deveis esforçar-vos para evitar a luxúria.

Vendo-se acusado e censurado, o homem lúbrico entra em depressão e sua melancolia é tão grande quanto a do condenado.

Atormentado pelos comentários alheios, o homem licencioso mais ainda se prejudica quando recorre à mentira.

A princípio, quando ainda recluso, era ele julgado um sábio, mas agora que se entrega à devassidão, chamam-no tolo.

Compreendendo o perigo da sensualidade, deve o sábio, em sua nobreza, ater-se rigorosamente, do princípio ao fim de sua vida, ao recolhimento.

Deve ele, portanto, ir sempre só em suas peregrinações, pois que este é o tipo de vida que enobrece.

Mas que nunca julgue ele ser o melhor dos homens, mesmo que já se encontre no limiar do Nirvana.

Em sua tranqüilidade, depois que já venceu os desejos dos sentidos, o sábio permanece livre e atinge a outra margem.

É ele invejado pelos que ainda se acham escravizados às ilusões dos sentidos.

8.º SERMÃO A PASURA SOBRE AS DISCUSSÕES — **PASURA SUTTA**

Algumas pessoas costumam afirmar assim: "Esta doutrina é a que torna os homens puros"; enquanto outras dizem: "Aquela outra doutrina é que dá pureza". Cada qual considera sua própria doutrina a única certa. As pessoas assim perdem a noção do razoável e começam a discutir entre si, chamando-se, umas às outras, tolas e recorrendo a velhos e repetidos argumentos; e assim é que, procurando angariar elogios, apresentam-se como autoridades no assunto. Esmagar o opositor é para elas uma verdadeira delícia. Têm pavor de ser derrotadas pela dialética alheia; ao se sentirem vencidas no debate, tais pessoas logo se mostram aborrecidas e irritadas, ao mesmo tempo em que procuram, a todos os instantes, envergonhar o rival. Se a opinião dos que ouvem lhes for desfavorável, logo se afligem e passam a guardar rancor a seu adversário.

Em alguns casos, essas contendas chegam a provocar brigas e até pancadaria.

Evitai, portanto, as disputas, pois que os elogios delas oriundos são inúteis, de nada valem. O vencedor dessas querelas enche-se de orgulho e se exalta; o elogio sobe-lhe, então, à cabeça. A semelhante orgulho segue-se, habitualmente, uma queda, pois o disputante agora se excede e, na sua arrogância, torna-se intolerável.

Ao verdes isto, renunciai às disputas, pois que elas jamais conduzem à pureza.

Da mesma forma como o campeão real vai destemidamente lançando por aí seu desafio, assim também é que tu deves prosseguir, meu herói, embora não se trate aqui de nenhum combate.

Quando os adeptos de um determinado partido começam a discutir, cada um deles convencido de que seu partido é o que tem razão, dize-lhes, sem qualquer cerimônia e bem claramente, que tu não estás interessado em discussões.

Mas que poderás tu dizer, Pasura, aos que seguem seu caminho sem jamais enunciar qualquer teoria própria em oposição às tuas, uma vez que eles não se apegam a qualquer conceito?

Cheio de confiança em tuas próprias teorias vieste aqui, Pasura, numa tentativa de vencer com elas um Ser Perfeito, mas não conseguiste acompanhar-lhe o ritmo.

9.º DIÁLOGO ENTRE BUDA E MAGANDIYA — **MAGANDIYA SUTTA**

Buda: — Os pensamentos tentadores, que evocam desejos e luxúria, jamais conseguiram despertar em mim o menor desejo que seja pelas relações sexuais.

Que é, afinal de contas, esta bela filha que tendes, senão um saco de excrementos? Eu não a tocaria nem mesmo com o pé.

Magandiya: — Visto que desprezas jovem tão bela, de tão grande valor e disputada por tantos nobres, dize-me, então, Senhor, quais os conceitos e preceitos que tens, qual o teu sistema de vida e, mais ainda, que tipos de vitórias lograstes obter?

Buda: — Para alguém como eu, Magandiya, não há conceitos nem preceitos, como também não há sistemas. Até os próprios sistemas filosóficos constituem fonte de sofrimento, isso eu verifiquei depois de estudá-los.

Por meio dessa compreensão consegui encontrar a paz interior.

M. — Ó nobre sábio, tu menosprezas o sistema formal — retrucou Magandiya —, mas como explicariam os sábios a tua paz interior?

Buda: — Não é por meio de conceitos, nem por respeitar a tradição, nem através do conhecimento que alguém se torna puro, Magandiya, como também não o é pela posse de virtudes, ou como fruto de feitos grandiosos.

A recíproca também é verdadeira, isto é, não é pelo fato do indivíduo não ter conceitos e não respeitar a tradição que ele será puro, e não é, também, por alguém não possuir conhecimentos, não ser virtuoso, nem por não ter ainda realizado grandes feitos, que ele é puro.

Não, a pureza não depende dessas coisas.

M. — Dizes que não é pelo fato do indivíduo ter, ou deixar de ter conceitos, tradição, conhecimento, virtude, ou grandes realizações, que ele se torna puro. Isto não faz sentido para mim, parece-me tolice. Pessoas há cuja pureza é fruto dos conceitos que esposa!

Buda: — É devido aos vossos próprios conceitos que me fazeis tais perguntas, Magandiya. É por causa de vossas noções preconcebidas que não fazem sentido para vós.

Enquanto continuardes a considerar as demais pessoas como iguais a vós, vossos superiores, ou vossos inferiores, as vossas contendas hão de prosseguir. Mas aquele que não mais pensa assim, nada acha sobre que disputar.

Para o verdadeiro brâmane, o conceito de igual ou desigual não faz sentido.

M. — Sendo assim, qual seria, então, o seu critério para chamar isso de "verdadeiro" e aquilo de "falso"? E como iria uma pessoa assim disputar?

Buda: — Aquele que vive no recolhimento interior, que não possui amigos íntimos e se libertou dos desejos e das ambições pessoais é um sábio e, em sua tranqüilidade, não se deixa mais envolver em discussões.

Forte é o homem que não se perturba com trivialidades e sábio é aquele que, à semelhança do lótus, que do topo da haste desliza imaculado sobre as águas lamacentas, segue também imaculado e cheio de tranqüilidade seu caminho, não se deixando envolver pelos ilusórios prazeres do mundo.

O homem de sensibilidade não se envaidece pelas revelações que chegue a experimentar, nem pelos pensamentos grandiosos que por ventura lhe ocorram.

Ele não se deixa impressionar pelo que dizem ou fazem as pessoas convencionais, assim como também não se deixa influenciar pelo que pensam as demais pessoas.

Aquele que não mais se deixa iludir pelos sentidos, está liberto; a compreensão liqüida a ilusão.

Quem, porém, se deixa iludir pelas aparências e vai pelo mundo trombeteando seus conceitos, constitui uma permanente fonte de preocupação e contrariedades.

10.º TRANQÜILIDADE — **PURABHEDHA SUTTA**

Interrogante: — Defini, ó Gautama, o homem perfeito! Graças a que íntimo apercebimento e a que tipo de conduta poderá alguém ser chamado tranqüilo?

Buda: — Perfeito é todo aquele que, antes de se desintegrar, consegue vencer o desejo.

Um ser assim já não mais se preocupa com a origem do mundo, nem considera o presente como fixo no tempo, nem também almeja renascer nesta ou naquela esfera, qualquer que ela seja.

Liberto da ira, do medo, da ostentação, do remorso e também das conversas ociosas é efetivamente sábio quem, em sua tranqüilidade, consegue refrear sua língua.

Não acalenta esperanças com relação ao futuro, nem se lastima pelo passado. Os sentidos não mais conseguem perturbá-lo. Ele não se prende a conjunto algum de regras, quaisquer que elas sejam.

Por ser isento de apegos, desconhece ele a ambição e a inveja e por ser naturalmente modesto não desdenha nem injuria pessoa alguma.

Ele nunca anda em busca do prazer. Não é presunçoso nem crédulo.

Mas como é admirado e sem apego esse ser inteligente! Mostra-se indiferente tanto a lucros, quanto a perdas, e nada existe que ele ardentemente deseje, até mesmo as guloseimas, por mais apetitosas que pareçam.

Imperturbável e em permanente plena atenção, o homem perfeito não se considera "melhor", nem "pior", nem mesmo "igual" aos demais homens, por isso ele jamais estabelece comparações.

Confiante no **Dhamma** (Doutrina) que lhe permite perceber a futilidade que é o confiar em outras coisas, ele nem deseja ser, nem deixa de ser.

Um homem assim é tranqüilo, não anda à cata de prazeres e não se compromete.

Esse é o homem que está a salvo, pois já ultrapassou o desejo.

Ele não tem filhos, nem possui gado, terras, capital, ou outras posses.

Ele não esposa teorias sobre a existência ou inexistência do ego.

O homem perfeito não se deixa influenciar pela palavra alheia, até mesmo a de um monge, de um brâmane, ou a de outro homem qualquer.

Sábio é aquele que, em sua tranqüilidade, não guarda ressentimentos e de nada se apossa.

Sábio é aquele que simplesmente ignora a distinção das classes (castas), alta, baixa ou média.

Sábio é o que ultrapassou as limitações do tempo psicológico (passado-futuro) e cedeu lugar ao atemporal.

Ao indivíduo que já se libertou de posses e do desejo de posses, isto é, que não mais é possuído pelo que antes pensava, ou desejava possuir, e que também não mais se deixa afetar pela transitoriedade das coisas, independendo da ortodoxia, a esse podeis chamar "tranqüilo".

11.º DIÁLOGO SOBRE A DISCÓRDIA — KALAHAVIVADA SUTTA

Interrogante: — Qual o motivo das discórdias e rixas e do seu inevitável cortejo de dores, lágrimas, egoísmo, vaidade, arrogância e difamação?

Buda: — As discórdias e rixas com seu inevitável cortejo de dores, lágrimas, egoísmo, vaidade, arrogância e difamação devem-se às paixões pessoais. O próprio egoísmo é fonte de discórdias e disputas e estas dão origem à difamação.

I. — De onde surgem as paixões e as ambições? E qual é a origem das esperanças e temores do homem com relação ao renascimento?

Buda: — As paixões nascem do desejo. Do desejo surge também a ambição, bem assim como as esperanças e temores do homem com relação ao renascimento.

I. — O que é que causa o desejo? Por que se acumulam tantas teorias a seu respeito? De onde provêm a cólera, a mentira, a dúvida e tudo o mais de que nos fala o **Sâmana Gautama** (Buda)?

Buda: — O desejo resulta de nos aferrarmos às noções preconceituosas de "agradável" e "desagradável", ao passo que as teorias se baseiam na interpretação errônea do que sejam evolução e desintegração.

A cólera, a mentira, a dúvida, etc. sempre hão de existir, enquanto prevalecerem as noções preconceituosas de "bom" e "mau". A dúvida pode ser desfeita pelo conhecimento. Todas estas coisas estão contidas nos ensinamentos do **Sâmana**.

I. — Qual é a origem das idéias preconceituosas? Será possível evitá-las? E o que quereis dizer com evolução e desintegração?

Buda: — A noção de "bom" e "mau" resulta das associações mentais das impressões. Sem estas associações mentais não há idéias preconceituosas de "agradável" e "desagradável" e, sem estas associações mentais, tampouco há evolução e desintegração.

I. — De que dependem estas impressões e qual o motivo de a elas nos aferrarmos? Como se pode eliminar o obstinado desejo de posse? Como se hão de acabar as impressões mentais?

Buda: — As impressões mentais dependem de nome e forma. O motivo pelo qual nós nos aferramos a elas é o desejo. Desejo que gera pensamento de posse. Sem forma, não haveria impressões.

I. — Mas como poderá o homem existir sem forma? E como se hão de extinguir tanto o prazer como a dor? É isto o que eu gostaria de saber.

Buda: — Não há como perceber a forma quando as percepções são anormais, ou quando se tenham atrofiado, ou deixado de existir. A ilusão é conseqüência da percepção.

I. — Senhor, respondestes a todas as perguntas. Para finalizar, respondei para mim mais essa: Será que os sábios consideram a pureza de coração algo possível de alcançar-se nesta vida? Ou será que mais ainda se há de precisar em outras vidas?

Buda: — Uns dizem ser a pureza alcançável nesta vida; outros declaram que a morte traz o aniquilamento.

Em sua tranqüilidade, o sábio reconhece esses conceitos como entraves e grilhões. Ao reconhecê-los, ele próprio deles se liberta. Mas não debate estes conceitos, pois que é indiferente às teorias.

12.º "OS DONOS DA VERDADE" — **CULLAVIYUHA SUTTA**

Interrogante: — Cada pregador, ao expor seu tema predileto, costuma afirmar que, se aderirmos firmemente ao exposto, seremos salvos, mas, se o rejeitarmos, perdidos e condenados.

Disputam os pregadores entre si, chamando-se uns aos outros de "ignorantes" e até mesmo de idiotas. Quem nos há de apontar qual deles seja o certo? Não é possível que todos sejam autoridades conforme alegam.

Buda: — Se, pelo simples fato de discordar de outrem, alguém é qualificado de "idiota", nesse caso todas as "autoridades", eivadas de teorias, seriam idiotas.

Se cada teoria revelasse a verdade e qualificasse o seu expositor como "autoridade", então todos eles seriam autoridades.

Não espereis ouvir a verdade daquele que chama os outros de "idiota". Cada um considera a sua própria opinião como "verdadeira" e quem quer que dela discorde é, então, chamado de tolo.

I. — O que um deles classifica como "verdade" diz um outro ser "falso", e assim por diante. Como pode ser que estejam sempre a discordar, e por que razão não dizem todos eles a mesma coisa?

Buda: — A verdade é uma só e, por esse motivo, os sábios nada têm que debater. Mas como cada um desses disputantes tem sua versão pessoal da verdade, as suas contendas são intermináveis.

I. — Mas como pode ser que cada uma destas autoridades considere a sua versão pessoal como sendo a própria verdade? Poder-se-á confiar, nesse caso, que a verdade por eles enunciada tenha realmente sido a verdade? Ou será que inventam, pura e simplesmente, suas teorias?

Buda: — Não existe verdade alguma além da que é fornecida pela percepção sensorial. No exato momento em que te aferras ao conceito de que algo é "verdadeiro", surge o atrito, porque o conceito oposto terá, então, que ser rotulado de falso.

Aquele que se deixa iludir pelo que vê e pelo que ouve, pela virtude, por suas vitórias e sucessos fixa-se em suas idéias e critica os demais.

Ao criticar os outros seu egoísmo se expande e, por se considerar autoridade sem prender-se à crítica, torna-se cada vez mais exagerado.

É aí, então, que, num transbordamento do autoconceito que de si mesmo faz, jacta-se de ser "um sábio" e acredita serem os seus conceitos irrefutáveis.

Se alguém o chama de confuso, logo replica "confuso é você", embora cada qual, a seu turno, se considere um "sábio".

De cada autoridade se há de ouvir a afirmação de que aqueles que seguem uma filosofia diferente da sua não conseguirão jamais atingir a pureza e a perfeição.

"Meu método é infalível; é o único que conduz à perfeição", alardeiam em autopromoção todos esses pseudo-sábios.

Tais comentários os expõem a ataques por parte das outras autoridades e, conseqüentemente, há cada vez mais disputas.

Desta forma, essas pessoas (cada qual aferrada a sua teoria predileta) prosseguem em suas altercações a vida toda.

Abstei-vos, portanto, de toda e qualquer teorização, com suas inevitáveis disputas.

13.º SERMÃO SOBRE OS DOGMATIZADORES — MARAVIURA SUTTA

Interrogante: — Será que esses dogmatizadores, que afirmam ensinar a única verdade, o que fazem é só acarretar para si a censura, ou será que por vezes eles também mereçam louvores?

Buda: — O pouco louvor que, porventura, consigam é insignificante e não lhes confere paz. Não é com disputas que se atinge a meta.

O sábio não dá crédito às teorias passageiras. Por que iria ele se prender? Ele já transcendeu, já ultrapassou a fase de acreditar em tudo o que vê e que ouve.

Alguns sábios há que sustentam ser a meta atingível pela prática da virtude e pela execução de atos meritórios. Ao afirmarem "ser esta a senda" intitulam-se como único mestre.

Alguns se tornam obcecados pela importância dos princípios e, se porventura chegam a transgredir uma só regra, por insignificante que seja, amofinam-se e se preocupam como alguém que houvesse perdido a caravana (perder o trem, ou avião, no sentido ocidental).

Assim sendo, não vos aferreis a código algum de "permissões" e "proibições", a código algum que distribua méritos e deméritos, mas, sim, ficai independentes.

Alguns fazem penosas penitências, outros confiam no que vêem e no que ouvem falar da conquista da pureza nesta vida e, entretanto, desejam ainda conseguir um renascimento feliz. O desejo acarreta mais desejo. O medo mais medo ainda. Aquele, porém, que não nutre mais o desejo de viver, seja agora ou em outras vidas, não mais teme a morte nem o renascimento.

I. — A filosofia que alguns rotulam de mais elevada, outros consideram desprovida de valor. Todos, porém, consideram-se autoridades. Com qual deles está a razão e a verdade?

Buda: — É só a sua própria filosofia que cada qual considera como a mais elevada, ao passo que aos demais métodos não empresta valor algum. Deste modo é que surgem as disputas.

Se o mero criticar destitui os conceitos filosóficos de qualquer valor, então todas as suas filosofias não têm valor algum, pois todos vivem a criticar os conceitos alheios.

Extravagantes se mostram na prática de sua própria filosofia, tal como quando a expõem, porém todos os seus conceitos levam à mesma coisa.

O verdadeiro brâmane, porém, não copia os demais; tendo transcendido o hábito de disputar, a nenhuma filosofia, em particular, chama ele de "melhor".

Afirmam alguns devotamente: "A verdade é assim e assim. Eu sei! Eu vejo!" E sustentam que tudo depende de se ter a religião correta. Se, porém, eles realmente "soubessem", não teriam necessidade de religião alguma.

O homem vê nome como nome e forma, mas, dizem os sábios, por pouco ou muito que consiga ver, não verá a pureza.

Nenhum filósofo querelante poderá alcançar a pureza por meio de sua doutrina pessoal; ele segue uma luz que ele próprio fabricou, por ele autoprojetada, e daí dizer ele que a "vê".

O verdadeiro brâmane está além do tempo, não se baseia em conceito algum, nem se submete a qualquer seita; compreende todas as teorias correntes, mantendo-se, porém, desapegado de qualquer delas.

Liberto dos laços do mundo, embora viva ainda no mundo, segue o sábio, tranqüilo, o seu caminho; livre de seitas, em meio aos sectários, livre de agitações, em meio aos agitados, admitindo o que o mundo comete.

Tendo transcendido, por compreensão, suas antigas imperfeições, sem adquirir outras novas pela correta vigilância, tendo abandonado o desejo e se libertado de dogmas e não se deixando mais influenciar por opiniões filosóficas, segue ele seu próprio caminho, sem se deixar impressionar pelo mundo, não se entregando jamais à censura.

Liberto de todos os conceitos baseados nas coisas vistas e ouvidas, aliviado, pois, de sua carga, não mais está o sábio tranqüilo sujeito ao tempo, transcendendo tanto o desejo, quanto a abstinência.

14.º SERMÃO DA SENDA RÁPIDA — TUVATHKA SUTTA

Interrogante: — Ó grande sábio de linguagem solar! Fala-nos do estado de tranqüilidade e do estado de paz. Como é que vive o indivíduo disciplinado e cheio de paz, aquele que se libertou das coisas do mundo?

Buda: — É indispensável que arranque a ilusão pela raiz, não mais raciocinando em termos de "eu". É indispensável que se mantenha atento a todos os desejos egoístas que nele surjam.

Mesmo que já domine isto ou aquilo, oriundo de dentro ou de fora, é preciso que se abstenha de nisso depositar toda a sua confiança.

E, após haver dominado este ou aquele aspecto, não deve, por isso, comparar-se favorável ou desfavoravelmente em relação aos demais.

A paz vem de dentro. Que o indivíduo disciplinado, pois, não a busque fora de si mesmo. Cheio de paz, não mais pensa ele no "ego" e, portanto, não mais pensa no "não-ego".

Da mesma forma como tudo é calmo nas profundezas do oceano, onde não se formam ondas, assim também o indivíduo disciplinado permanece calmo quando nele despontam as ondas do desejo para perturbá-lo.

I. — O Desperto proclamou o **Dhamma** (Ensinamento Purificador). Fala-nos, agora, sobre a disciplina e a contemplação.

Buda: — Trate cada um de si; que não se dirijam as conversas para o tópico do dia. Não sejais gananciosos. Não tenhais coisa alguma. Não desejais coisa alguma!

Não se queixe o indivíduo disciplinado nos períodos de adversidade, nem anseie pela mudança de circunstâncias que ele não tema.

Abstenha-se ele de acumular alimento, bebida ou roupas e não se mostre ansioso por não obtê-los.

Prefira o indivíduo disciplinado a conduta meditativa, em lugar da incessante atividade; comporte-se bem no lazer. Tendo optado pela quietude, seja ela a sua companheira.

Não deve ele dormir demais, e, sim, ficar em plena vigilância; abstenha-se ele da preguiça, da mentira, da frivolidade, das competições físicas, da luxúria.

Não deve praticar magias, nem interpretar sonhos e presságios, nem praticar a astrologia.*

Não façam, meus discípulos, predições baseadas no canto dos pássaros, não tratem as doenças por simpatias nem pratiquem o curandeirismo.**

O indivíduo disciplinado não se deixa abater pela censura, nem exaltar pelo louvor.

Livre-se ele da ambição e da inveja, da cólera e da calúnia, sempre pela compreensão.

O indivíduo disciplinado não deve ocupar-se de compras e vendas (especulações), nem descobrir falhas alheias.

No desempenho de suas funções, que nunca maltrate ninguém, nem defenda idéias por interesse.

E, ao pregar, que o indivíduo disciplinado não se mostre orgulhoso, nem fale por motivos pessoais, jamais usando palavras provocadoras.

Que não se deixe levar a mentir, nem a agir ilegalmente.

Não menosprezes o ganha-pão de ninguém, nem a inteligência, a virtude, ou as vitórias de quem quer que seja.

Saibas suportar com bondade a tagarelice dos estranhos. Não sejas irritável, pois o homem calmo não retruca.

Tendo compreendido os ensinamentos, cumpre agora aplicá-los. Achando, assim, a paz, siga ele os conselhos de Gautama.

Ó vencedor invencível que já despertastes para a doutrina visível! Trilha a senda do Mestre e procura honrá-la.

15.º SERMÃO DO "PUNHO CERRADO" — **ATTADANA SUTTA**

A violência enche o mundo de medo. E como é imensa a violência que existe por toda a parte! Eu vos descreverei toda a infelicidade e a desdita a que assisti.

Vi homens debatendo-se como os peixes de um lago que está secando, atrapalhando-se uns aos outros. Oprimido pelo horror, vergou-se-me o corpo.

---

* Buda não aconselhava estas práticas no sentido de não se fazer uso profissional, isto é, tirar delas algum proveito próprio.
** **Idem**.

Percebi que o mundo todo carece de substância e que a desintegração é a regra.

E foi em vão que procurei algo permanente, onde me pudesse refugiar.

A Humanidade parecia destinada à luta, até que percebi como que uma farpa a minar o coração do homem.

Assim minado, prossegue o homem em sua louca senda de dor, mas, se a farpa for extraída, então ele se acalma e conhece a paz.

Seguem-se, então, os ensinamentos: — Libertai vossas vidas do laço do mundo, vencei os desejos, empenhai-vos por alcançar o Nirvana.

O sábio tranqüilo ama a verdade, é modesto, jamais se mostra arrogante ou intolerante, e se abstém tanto da calúnia, quanto da cobiça.

O homem que decidiu dirigir seu coração rumo ao Nirvana precisa despertar e pôr fim à apatia e à indolência; ele tem que deixar de lado a vaidade.

Tem ele que renunciar à mentira e aos objetos dos sentidos e, pelo fato de ver apenas tolice no orgulho, abstém-se de toda e qualquer forma de violência.

Não deve valorizar o que é velho, como também não se deve deixar fascinar pelo que é novo.

Não se deve afligir pelo que perdeu, nem deve ansiar pelo que não atingiu.

O desejo é como a enchente e o aluvião; a cobiça é como o entulho, e a sensualidade é como um atoleiro.

O sábio tranqüilo firma-se na verdade e, tendo-se libertado de tudo, chega a conhecer a paz.

Sábio é o penetrado pela Doutrina-**Dhamma**; a partir de então, prossegue ele seu caminho independente, a ninguém invejando.

Grande é a vitória de quem consegue dominar a luxúria, pois está acima do desejo e ultrapassa a dor da ânsia.

Transcendei vosso passado sombrio e, por compreensão, não admitais nenhuma nova imperfeição; prossegui, assim, em paz, a vossa jornada.

Quem nunca pensa em termos de posse não sente falta de coisa alguma; uma pessoa assim jamais é afligida pelo sentimento de perda.

Quem nunca pensa em termos de "isso é meu", "aquilo é dele" jamais se sentirá prejudicado.

Não sendo ciumento, nem sujeito à cobiça, antes, sendo liberto do desejo, inalterável quaisquer que sejam as circunstâncias, nisto consiste a sua nobreza.

Quando o pensamento é livre de impurezas, a ação não visa resultados favoráveis, nem resultados desfavoráveis. O homem torna-se tranqüilo.

O sábio tranqüilo não estabelece comparações entre si e os demais. Nada desejando, cheio de serenidade, ele é incomparável; nada tem a ganhar, nem a perder.

16.º SERMÃO DE BUDA A SARIPUTRA — **SARIPUTTA SUTTA**

— Nunca vi, nem ouvi falar de alguém assim, de tão suave falar — disse o venerável Sariputra. — Com certeza vem ele do céu de **Tussita**.

Esse vidente, a fim de ensinar deuses* e homens, descerrando os véus da ignorância, caminha ele desperto pelo mundo.

A esse Buda proponho eu, agora, uma pergunta capaz de ajudar os homens que se encontram em escuridão.

Se um indivíduo disciplinado (**bhikkhu**), que renunciou ao mundo, retirar-se para um lugar solitário, sob uma árvore, num cemitério, ou numa caverna nas montanhas, onde muitos são os perigos que o espreitam e que deve, com bravura, suportar, que outras coisas terá esse indivíduo solitário de enfrentar e contra o que terá de lutar para atingir a meta? Que palavras deve ele empregar, que práticas, que sistemas deve adotar esse homem cheio de determinações? A que disciplina deve ele particularmente submeter-se, com o fito de remover suas impurezas, à semelhança do ourives que extrai as escórias da prata?

— Eu te direi, Sariputra — exclamou o **Bhagavat** —, pois conheço todos os prazeres que o recluso amante da Doutrina encontra no recolhimento.

É preciso que, à medida que se aproxima da meta, o indivíduo disciplinado não se deixe perturbar por qualquer das cinco coisas seguintes: insetos com ferrão, mosquitos, serpentes, assaltantes e animais selvagens.

---
* Deuses: seres divinos.

Do mesmo modo como consegue perceber os argumentos sutis das pessoas e, logo, a eles resiste, assim também percebe ele a aproximação de todos os perigos.

Ainda que esteja doente e sinta fome, deve ele suportar com paciência tanto o frio, quanto o calor.

O peregrino sem lar precisa exercitar a sua força de vontade e sua energia.

Não furtará, nem mentirá e há de mostrar-se cordial tanto diante do fraco, como do forte. Banirá de sua mente todas as sombras.

Ele há de resistir à cólera e ao orgulho, pondo fim a todas as suas preferências e aversões.

Guiando-se pela sabedoria e comprazendo-se na harmonia, deverá ele vencer os desconfortos de sua vida de ermitão, particularmente os seguintes:

"Será que conseguirei alguma coisa para comer?"; "Onde hei eu de achar comida?"; "Passei uma noite triste!"; "Onde será que dormirei logo mais à noite?"

O jovem discípulo que abandonou a vida do lar precisa, também, afastar pensamentos perturbadores como esses.

Havendo disponibilidade de alimentos e roupas, utilize-se ele do estritamente suficiente para suas necessidades. Mesmo que porventura se sinta irritado, não deve jamais falar com aspereza.

Sem desperdiçar tempo na ociosidade, mas, sim, empregando-o ordenadamente, está ele sempre em plena vigilância e seguro de si mesmo.

Conseguindo manter-se equânime, solucionará todas as dúvidas e todos os problemas da sua mente.

Assim falou o **Bhagavad.***

---

* **Bhagavad**: um dos epítetos de Gautama Buda.